波乱の時代

株・金利・為替はどう動く?

学び直しの教科書

日本経済新聞 論説フェロー

原田亮介

日本経済新聞出版

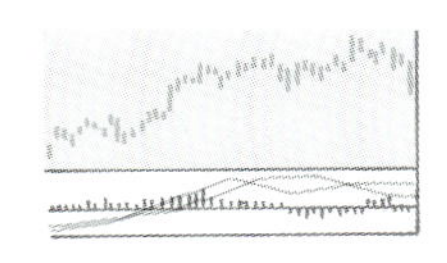

経済の仕組み
学び直しの教科書

日本経済新聞 論説フェロー
原田亮介

日本経済新聞出版

はじめに

この本を何のために書いたのか、その話から始めましょう。

２０２４年８月は日本の市場＝マーケットが大きく揺さぶられ、歴史に刻まれる急激な下落も記録しました。「令和のブラックマンデー」と呼ばれた８月５日の日経平均株価の下落幅は４４５１円に達しました。１９８７年10月19日にニューヨーク市場で株価大暴落（ブラックマンデー）が起きたのですが、その翌日の東京市場の下落幅３８３６円を大きく上回り、過去最大となりました。

８月１日の終値から５日の終値までの日経平均株価の下落幅は６６００円余りで約17％に達しました。多くの人が市場の大混乱に驚いたことと思います。米国市場で株価が暴落したわけではありません。大地震が発生したわけでもありません（８月８日に南海トラフ地震に関して初めての臨時情報が発せられたのは偶然ですが）。

では、株価の急激な調整はなぜ起きたのでしょうか。経済の仕組みを理解して、あらかじめ想定シナリオに組み込んでおくことができれば、さほど気が動転する出来事ではないことがわかります。言い換えれば、いま起きていることと、これから起きそうなことを頭の隅の引き出しに入れておくためにはどうするか。それをわかってもらうのがこの本の狙いです。

時間を追って2024年8月のマーケットとその材料になった記者会見や経済指標を追ってみましょう。市場の大きな変調は、7月31日昼に日銀が0・25％への利上げを決め、その後の記者会見で植田和男総裁が追加引き締めに前のめりの姿勢を示したことでタネがまかれました。

半日経った8月1日未明には米連邦準備理事会（FRB）のパウエル議長が「9月に利下げをする可能性がある」と記者会見で話しました。米市場では景気後退（リセッション）観測が急速に広がり、米10年物国債の利回りが急低下し、ニューヨーク株も下落しました。決定的な追い打ちが日本時間2日夜に発表された7月の米雇用統計でした。失業率が4・3％に上昇するなど雇用悪化を示したからです。これを受けた週明け5日の東京市場で日経平均株価の下落が加速したのです。

テレビ東京でワールドビジネスサテライト（ＷＢＳ）の解説キャスターを務める私は5日夜、局で番組開始を待っていました。パリ五輪の特別編成のため、番組開始が１６０分押しの6日午前零時40分からだったためです。

注目したのは３つのポイントです。

１つは米国の景気後退懸念を材料にした株価調整なのに、米国より日本の株価の下落幅がはるかに大きかったこと。つまり、東京市場固有の要素が大きいと想像できます。

２つ目は円相場の動きです。７月３日に１ドル＝１６１円90銭をつけたのが、８月５日は一時１４１円台まで円が急騰したのです。この点は円キャリー取引との関係で後程詳しく説明します。

３つ目は「安い日本」といわれ、経済界からも不満が噴出していた円安についての政府・日銀のスタンスです。そもそも政府・日銀は急速な円安に警戒感を強め、2022年9月からしばしば円買い・ドル売り介入に踏み切ってきました。私が隔週で配信している日本経済新聞の読者向け8月2日のニューズレターには「円安底抜けへの恐怖と利上げ」と題してこう書きました。

「政府・日銀の周辺を取材すると、次のような構図が浮かび上がってきます。円安が1ドル＝160円台で止まらず170円を割り込む事態を最も恐れたのは神田真人財務官（当時）です。（中略）首相官邸は神田財務官の主張に近く『新興国型の通貨安』を警戒していました。円安による消費不振に頭を痛め、ガソリン補助金など対症療法からの撤退も念頭にありました」

東京株の大幅な株価調整は追加利上げに積極姿勢を示した日銀総裁の責任が大きいとして「植田ショック」とも呼ばれていますが、実態は少し違うように思えます。総裁会見のたびに投機筋に狙われ、円売りの場を提供してきた日銀に、もう少し利上げに積極的な姿勢を示すべきだと働きかけたのはむしろ首相官邸だったのです。問題の追加利上げに積極的な記者会見の意図は円安のけん制にあり、事実その直後、首相周辺からは

「満点の会見だった」という声が聞かれました。

もちろん、株価を暴落させようと思って円安をけん制したわけではありません。けん制が効きすぎて雪崩のような「損切り」が発生したのです。損切りとはそれまで抱えていたポジション、この場合は円売りと株買いのポジションですが、そのロジックが環境変化で成立しなくなったということです。逆方向の動きが許容範囲を超えると、損失覚悟の円買い、株売りが発生し、売りが売りを呼ぶ雪崩のような展開になります。相場の急変動の多くはこの損切りの加速で始まります。

ここで円キャリー取引について説明します。狭い意味では金利が低い通貨を借りて、金利が高い通貨で運用することを指します。日銀の利上げの直前までは実質ゼロ金利の円を借りて、5・5%のドルで運用することができたわけです。

円を借りてドルでなく日本株で運用するのが、短期の投資益を狙う海外の投機筋のスタンスでした。日本株が上昇すると円資産が増加するため、円安のさらなる進行に備えてもう一段の円売りを進めます。この結果、円安↓日本株高↓円安のリンクが強まっていたのです。中国経済の不振でアジアのもう1つの投資先として注目されてきたことや、円安→グローバル企業の業績改善→株高という要因もありますし、日本企業の経営効率の改善という側面ももちろんあります。

ただ、わずか4日で約17%も日経平均が値下がりするのは、そうした後付けの静止画分析のようなロジックでは説明できません。

160円からのさらなる円安進行を阻まれ、牛歩のような利上げを見込んでいた日銀が突然タカ派に変身し、肝心の米国でも景気後退懸念が広がってロジックが成立しなくなったため、円安の進行を前提にした投機筋はポジションの損切りを迫られたのです。単なる損切りではなく、自ら作った株安の雪崩に乗じて、株の空売りを仕掛けて損失を取り戻す動きもあったでしょう。

私は6日未明のWBSで「円高が止まれば株安は止まる」と解説しました。2022年秋に一時151円台まで行った円安が反転し、127円で止まったことを例に出し、「137~140円、24円程度の円高が壁になる」と話しました。満員の劇場で「火事だ」という叫び声で群衆が非常口に殺到する。それがパニック売りです。しかし、ボヤだとわかればパニックは止まります。たまたまかもしれませんが、円相場は１４１円台を天井にして１４６～１４７円程度で推移し、株価も落ち着きました。

一言でいえば、円安と株高が連動する構造であったことがわかれば、逆も真なりです。なぜ投資家は予想できなかったのでしょうか。それは円安・株高は長い時間をかけて進行したので、逆の動きもゆっくりと進むと考える「現状バイアス」が働くためです。

ここ数年の経済ニュースに「30数年ぶり」という形容詞がつくことが非常に多いことにお気づきでしょう。株価や好調な企業業績をみて、日本経済がついに「停滞の30年」のトンネルから脱する兆しと感じとる人もいるでしょう。

ただ、「経済ニュースは難しい」と感じる方も多いと思います。経済学を学ぶには数学を学び、統計の分析も必要です。しかし、日常の暮らしにそれが必要かどうかといえば、多くの人がその知識はなくても暮らしに不便はないと思っているでしょう。実際、メディアの経済記事も、私を含めて、むしろ経済学部以外の出身者が書いているケースが多いのです。

さらにいえば、年齢や立場によって、人それぞれ関心のある経済のテーマは異なります。就職したばかりの世代は自分の会社や業界の仕組みを理解するよう求められますが、それがやりたい仕事なのかどうか悩んだり、転職を考えたりします。もっと待遇のよい職場を探すこともあるでしょうし、結婚して家族を持つために少しずつお金を貯めようという人もいるでしょう。２０２４年１月に制度が拡充された積み立て型の新ＮＩＳＡ（少額投資非課税制度）を始めた人も多いはずです。

一方、すでに「第２の人生」に入った人にとっては、老後の過ごし方がとても気になるでしょう。老後の資金や自分の健康、あるいは老親の介護の心配を抱える人も多いと思います。

そうした読者のすべての関心に応えることは難しいのですが、お金を貯めたり、ローンを組んだりする時、業界や会社の将来を考えたり、世界の経済対立の行方を占ったりする時に共通する思考のフォーマットがあります。そうした「自分事」をめぐる判断でも、納得のいく選択をするには「経済の仕組み」を理解することが欠かせません。

たとえば、金利の仕組みがわかれば、お金を借りる時や資金を運用する時、図形に補助線を引いて解答がひらめくように、より納得のいく判断が得られるでしょう。基本的な仕組みを押さえつつ、近年の変化を踏まえることで、世の中の先行きをある程度は見通すことができるのです。そうした先読みの方法を紹介するのが本書の目的です。

私は日本経済新聞社に入社して約40年、記者や編集者として報道に携わってきました。テレビで経済ニュースの解説をする時にハタと気づくのは、実は視聴者のみなさんも同じ悩みを抱えているのではないかということです。

インターネットで調べれば自分の関心領域を簡単に深掘りすることができる時代になりました。英語や中国語のニュースや発表資料も、翻訳の精度に少し目をつぶればマウスの右クリックひとつで日本語になります。しかし、深掘りすればするほど、不必要な情報の海に溺れることがあります。

何が大事で何が大事でない情報なのか、それを見分けるのが経済の先を読む思考のフォーマットです。純粋な経済ニュースだけが経済に影響を与えるわけではありません。ロシアによるウクライナ危機や中東情勢の緊張、米中対立による供給網（サプライチェーン）の分断も世界経済に大きな影響を与えています。

本書は6章で構成しています。全体を通じて図表を多く配して視覚的にわかりやすいように工夫しました。第1章の「市場を読む」では金利、為替、株式、金や原油、暗号資産などについて、それぞれの市場を動かすポイントと、従来の常識をアップデートすべき点を挙げています。それぞれの市場が影響し合う場面が非常に増えており、なぜそうなるかもわかりやすく説明したつもりです。

2024年10月の衆院選では、自民党と公明党の与党が議席の過半数を取れず、少数与党になりました。野党が結束すれば内閣不信任案が可決され、首相のクビがとぶ極めて不安定な政治状況です。政局の混乱は市場に影響を及ぼします。2007年から首相が1年ごとに6人も代わった「悪夢」を繰り返さないか、注視する必要があります。

第2章は「景気を読む」です。日本は人手不足で大企業では大幅な賃上げが実現しましたが、実質経済成長率は個人消費の低迷によって振るいません。経済成長率、物価、賃金、雇用などの項目について、この30年で日本経済がどう変わったのか、変わらなかったのか。生産性の向上が今後のカギを握ることも解説します。

第3章は「金融政策を読む」です。日米欧の中央銀行について、過去も含めて金融政策決定のポイントを紹介しました。インフレに悩む米国が高金利政策を続け、物価高で消費が振るわない日本は利上げが遅れて、円安が進行したことは皆さんもご存じだと思います。その裏にはどんな変化があるのか、長期的にみて円相場は2021年頃の1ドル＝110円に戻ることがあるのか、思考実験もしました。金融危機などで米景気が大きく落ち込まない限り、可能性は低いでしょう。

第4章は「企業を読む」です。企業には、その株式に投資をするかという投資家の視点、その企業で働くかどうかの社員の視点、さらに取引先の視点などがあります。まず損益計算書（PL）とバランスシート（BS）の読み方をおさらいします。生成AIブームの代表銘柄の米エヌビディアから成長する企業の特徴を抜き出します。「失われた

30年」から日本企業がどう脱出すべきかも考察しました。

第5章の「人口減少を読む」は、世界の人口動態、社会保障と財政、インフラと災害などの項目を取り上げます。日本は少子化対策が叫ばれて久しいですが、出生率は上昇しません。それは日本に限定された課題ではなく、いまや世界各国が共通して直面しています。2100年の中国の人口は2020年の半分になります。人口減少に伴って、インフラや交通網の拡大を追求してきた日本の国土政策は、縮小に向けた大きな転換点を迎えています。それは年金や医療保険制度にどんな影響を与えるのか。財政の持続性にも影響を与えるでしょう。

第6章は「地政学を読む」です。中国、ロシアのウクライナ侵攻、中東危機などを取り上げます。近年のウクライナ危機や中東ガザ地区の紛争などは過去の歴史に淵源があります。それを説き起こせばそれぞれ1冊の本になりますが、なぜ権威主義国家が西側先進国の制止を聞かずに領土の拡大に走るのか、地政学の変化が世界経済に何をもたらすかを中心に解説します。米国のリーダーシップと、国際協調による安定的な国際秩序を回復するにはどうしたらいいか考えてみたいと思います。

本書は「学び直し」をコンセプトにしています。2章、4章、6章の最後にもっと深く理解するために私が参考にしてきたブックガイドをコラムとして加えました。

経済は生き物です。今日の正解が明日の正解とは限りません。金利や円相場、株価などが示すシグナルから経済の先行きをどう読むか。長期の人口動態から子どもや孫たちに何を伝えるか。波乱続きの国際情勢から日本の将来に必要なことは何かを考える時、この本が読者のみなさんのよりよい生活や仕事に役立つことを願ってやみません。

目次

はじめに 3

第1章 市場を読む

1 金利「お金の値段」基本の基本 22
2 為替 円相場乱高下の〝真犯人〟とは 35
3 株価 知っておくべきマクロ、ミクロの重要指標 48
4 原油、金、暗号資産 投資には予測困難なリスクも 60

第2章 景気を読む

1 GDP 四半期単位の「経済統計の王様」 74
2 企業の景況感 日銀短観と法人季報に表れる「今」 82

3 消費者の景況感　物価を超える賃金上昇がカギ　91
4 経済回復への課題　労働生産性の向上が急務　99
この本を読もう！①　108

第3章 金融政策を読む

1 日本「窓が閉まる前」の利上げの行方は　112
2 米国　繰り返す金融危機はいつ起きるか　127
3 欧州　単一通貨のメリットと矛盾　138
4 FEDビューとBISビュー　金融政策の見方を二分する論点　144

第4章 企業を読む

1 損益計算書と貸借対照表　会計から経営課題を見抜く　150

2 急成長するテック企業 先端分野の攻防を読み解く 159
3 イノベーションのジレンマ 勝ちパターンは永続しない 167
4 日本企業の課題 「JTC」脱却へ、改革が不可欠 173
この本を読もう！② 180

第5章 人口減少を読む

1 将来推計人口 50年後、人口はどこまで減るか 184
2 永遠の人手不足 「2024年問題」はさらに厳しく 190
3 社会保障と財政 現役世代の負担軽減が急務 195
4 インフラ老朽化 コスト負担が更新の重荷に 199
5 世界の人口 「賢い縮小」が共通課題に 205

第6章 地政学を読む

1 中国と「反日」 共産党統治の「正当性」を誇示 212
2 中国共産党 「党主任」は「大臣」より格上 217
3 中国経済 色褪せた改革開放路線 222
4 台湾有事 現実味帯びる「海上封鎖」 228
5 ウクライナ侵攻 背景に「ロシアと一体」の歴史観 234
6 対ロシア経済制裁 資源輸出が大きな抜け穴に 240
7 停戦の糸口 国際社会の足並みそろわず 245
8 中東危機 新大統領で米国はどう動くか 247
この本を読もう！ ③ 250

おわりに 253

第1章

市場を読む

経済を考える時、市場＝マーケットの動きは現実の経済の鏡とよくいわれます。そして、1カ月先、半年先を占う「水晶玉」のような働きもします。この章では「金利」「為替（円相場）」「株価」「原油・金・暗号資産」の順に、市場の読み方を解説します。

金利

「お金の値段」基本の基本

最初に基本を押さえ直しましょう。みなさんは「金利」といわれて何を思い出しますか。まずは預金金利や住宅ローンの金利でしょうか。家を買ったり老後の資金を考えたりする時にこの金利に悩まされるのですが、普段の暮らしの会話にはほとんど出てきませんね。

スマホを買い換える時に値段がいくらかは気になるし、旅行では航空機代や宿代がいくらかはすごく調べると思います。同じように金利は「お金の値段」ということができます。

１００万円が1年後に１１０万円になる預金があるとすれば、その金利は10％です。金利は1年後にお金が何パーセント値上がりするか（増えるか）を示す値段です。預ける金利と借りる金利は違うものにみえますが本質は同じです。銀行預金は個人が銀行にお金を貸している金利で、住宅ローンは銀行が個人にお金を預けている金利と言い換えることができます。

いまの日本の大手銀行の預金金利は1年定期で0・125％程度でキャンペーンの優遇金利でも0・6％程度（2024年10月時点）と本当にわずかなものです。利息収入より現金自動預け払い機（ATM）で現金を引き出す手数料のほうが高いですね。1年間にいくらATMの手数料払ったか調べて、預金残高で割ってみると金利に換算することができます。つまり、金利も手数料もお金の値段ということでは同じです。

株式配当は金利の応用形

金利の応用形が株式の配当です。株式配当利回りは株の取得価格に対して何％の配当があるかを示しています。東証プライム市場の平均配当利回りは2・3～2・4％と預金金利よりはるかに高い水準です。株価は日々変動するもので、株式にはその会社が倒産した時に株券が紙くずになるリスク（いまはリアルの株券はほとんど発行されていませんが）がありますが、値上がり期待だけで投資する必要もないのです。

何年経ってもお金の値段が上がらないというのが、30年にわたる日本経済のデフレ傾向を表してきました。それは後で詳しく説明します。ここで預金ではなく日本国債を購入した時の金利がどうか比べてみましょう。

日本国債には購入時の金利が満期まで固定されているものと変動するものがあります。個人向けの10年物変動金利国債の金利は０・57％（２０２４年11月時点）です。半年ごとに利払いがあり、利率は半年ごとに見直されます。仮に０・５％の金利が続いたとすると、５００万円預けた時の年間の利払いは２万５０００円、10年間で25万円になります（税抜きの試算）。銀行などの定期預金より金利が高いですね。なぜでしょうか。

これは金利には通常、期間が長くなれば長くなるほど高くなる性質があるからです。人にお金を貸す機会はそれほどないと思いますが、翌日返すと言われれば金利をつけて返せという人はあまりいないでしょう。しかし、１００万円を貸して10年後に返すという話なら事情は変わってきます。１００万円を10年間別の使い方をする選択肢を失い、預金や株式で運用して生まれる利益も得られなくなります。それに見合う金利を請求してもそれほど不合理とはいえません（人間関係は壊れるかもしれませんが…）。

私が新聞社に入社した最初の年、年末のボーナスをもらうまで月末は財布の危機が続きました。奨学金や卒業旅行の借金の返済があり、10月、11月は家賃が払えずに消費者金融からお金をつまんだ経験があります。当時のサラ金は年利で20％という高利だったのですが、顧客を増やすキャンペーン中だったのでしょう、1週間以内に耳をそろえて返済すれば無利息という条件でした。おかげで危機を乗り越えることができました。これが1週間でなく、返済まで1年かかったとすれば雪だるま式に借金が膨らんでサラリーマン人生を台無しにしていたかもしれません。

では、100万円が10年後に200万円になる預金があるとすると年利はいくらでしょう。答えを先に言います。約7・2％です。一般に複利の「72の法則」（72を金利＝％で割るとお金が2倍になる年数がわかる概算法）といわれています。

時間が長いほど金利は高くなる

ことほどさように、**金利の第1の基本は「お金を借りたり預けたりする期間が長ければ長いほど高くなる」というものです**（例外はあります。期間が長い金利が短い期間の金利より低くなることを「逆イールド」といいます）。先に金利はお金の値段といいましたが、「時間の対価」という表現がわかりやすいですね。いま100万円を手にするのと10年後に100万円を手にするのとでは100万円の価値に大きな違いがあります。

たとえ話です。開業資金にあと100万円足りない、10年間で10万円ずつ返済するから、いま100万円が欲しいという人がいたとします。親しい友人だとして100万円をそのまま貸しますか？　店がうまくいかないかもしれない。新型コロナのような感染症の流行でお客さんが来ないかもしれない。店主が交通事故に遭うかもしれない。そんなリスクがないとは言い切れません。リスクを肩代わりして、10年後に100万円＋αを受け取るとした場合、この「α」がその時の100万円の値段であり、金利なのです。

この話には金利の第2の基本も隠されています。「お金を借りる側の信用力が高ければ金利は低くなり、信用力が低ければ高くなる」というものです。**つまり、金利にはリスクが反映されるということです。**

格付け会社という言葉を聞いたことがあるでしょうか。ムーディーズやS&Pといえば、ニュースで見たことがあるかもしれませんね。会社や国の信用力をいちいち調べるのは手間がかかります。その手間を省くのが格付け会社です。株式や社債、国債などの信用力は格付けによって決まります。日本の長期国債の格付けは「A1」（ムーディーズ）で、先進国7カ国ではイタリアに次いで低い水準です。つまり、国債を買ったお金が返ってこないリスクがほかの国よりちょっと高いとみられているのです。

いま住宅ローンの7割が変動金利型といわれています。変動金利型の35年ローンの金利は0・46〜0・6％程度です（手数料込み、2024年10月現在）。銀行にお金を預けた時の利息より、銀行から借りる金利がひどく高いのが気になる人も多いと思います。銀行は預金を集めなくてもお金を借りることができるため、預金金利は低く抑えることができます。ここに金利のもう1つの基本が隠されています。

銀行にお金を貸すのが中央銀行、つまり日本銀行です。日銀が異次元の金融緩和をするということは、銀行が安い金利でいくらでも日銀や市場からお金を借りることができるということにほかなりません。第3の基本は「金利の根っこを決めているのは中央銀行が決める政策金利である」ということです。これは日本でも米国でも欧州連合（EU）でも変わりません。日銀のマイナス金利の解除が世界で大きく報道されたのもそうした理由があるからです。

経済を映す最良の鏡

ここまで金利の3つの基本を押さえ直しました。ここからは最近の経済の大きな変化を踏まえた金利についての注目すべきポイントです。第1のポイントは金利の動きは経済を映す最良の鏡であるということです。

ちょっとややこしいのですが、金利の根っこを決めるのが政策金利だという話をしましたが、それは短期金利のことです。これに対し、世界の景気や物価動向を映す鏡として最も「解像度」が高いのは米国の10年物国債の利回りです。長期金利の代表的な指標

長期金利は経済の変調を伝えるシグナル

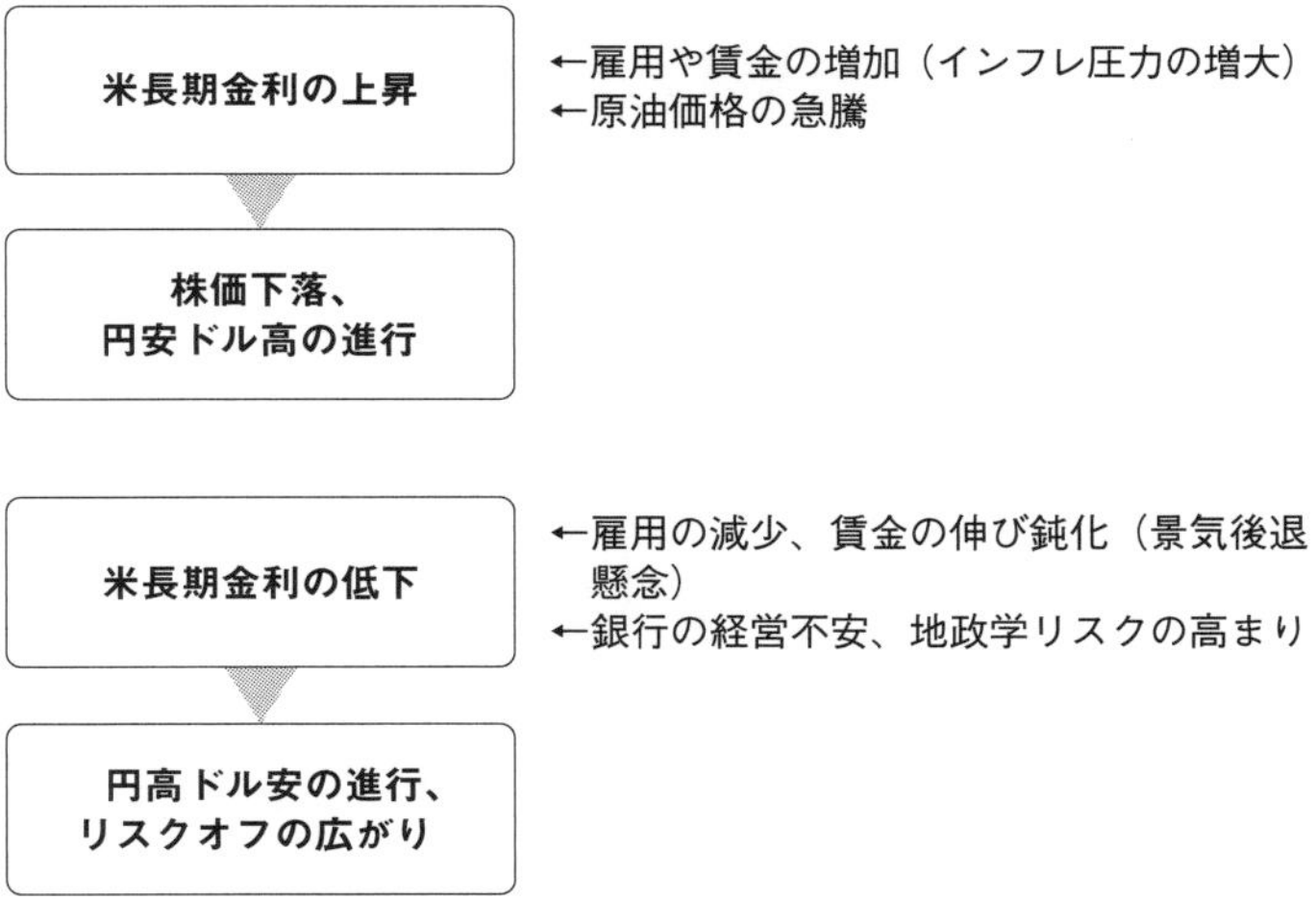

米長期金利の上昇
←雇用や賃金の増加（インフレ圧力の増大）
←原油価格の急騰

▼

**株価下落、
円安ドル高の進行**

米長期金利の低下
←雇用の減少、賃金の伸び鈍化（景気後退懸念）
←銀行の経営不安、地政学リスクの高まり

▼

**円高ドル安の進行、
リスクオフの広がり**

は米国でも日本でも10年物国債を指します。米国債市場は世界最大で、発行額は２０２３年に過去最大の23兆ドル（３４５０兆円）もの規模があり、どんな場面でも売り買いがしやすい流動性があることが、お金を呼び寄せる理由になっています。

実例を挙げましょう。「はじめに」で２０２４年８月の東京株の大幅な株価調整の話を取り上げました。そこで米国の景気後退懸念を増幅したのは７月の雇用統計で失業率が上昇したことでした。発表を受けて10年物国債の利回りは３・９％台から３・７％台に急低下（債券価格は上昇）したのです。景気が悪くなると国債が買われ、長期金利が低下するのがポイントです。

逆もあります。米国のインフレ懸念が根強いことを示す指標が発表されると、しばしば長期金利は跳ね上がります。

雇用統計など米国の経済指標は米国が夏時間であれば日本時間の午後９時半、冬時間であれば午後10時半に発表される場合が多く、これはＷＢＳのオンエアの時間帯と重なります。まず米長期金利の動きを確認し、景気が強いのか、弱いのかを判断するのが私の習慣です。長期金利が上がるとニューヨーク株は下落、円ドル相場は日米金利差の拡大を見越してドル高が進むという展開になります。

もう1つは、投資家がリスク資産の持ち高を縮小する「リスクオフ」になると国債は買われる傾向があります。金融危機や軍事的緊張の高まりに対する反応です。2023年3月に米シリコンバレー銀行（SVB）が資金の引き出し、つまり取り付け（BANK RUN）によって経営破綻した時、市場は金融危機に身構えましたが、一時4％台に上昇した米長期金利は4月初めに3・2％台まで急低下しました。安全資産である米国債に資金が流入したためです。米当局は預金の全額保護を決め、取り付けが他の銀行に広がることを阻止しました。

このように、長期金利はまるで健康診断の「血液検査」のように経済の変化に反応します。景気が悪いのか、インフレが進みそうなのか、金融危機などで投資家の心理が冷え込んでいるのかなど様々な変調を告げてくれるのです。

株式市場を動かすモメンタムにも

2つ目のポイントは、長期金利の変動はそれ自体が為替市場や株式市場を動かす大きなモメンタム（勢い）になるということです。

ニューヨーク市場で1日で22％もダウ工業株30種平均が下落したのは1987年10月19日の「ブラックマンデー」でした。この混乱の原因はいくつかありますが、貿易赤字と財政赤字という「双子の赤字」が深刻でインフレにも直面していた米国は、FRBの高金利政策に依存していました。

当時は日本と西ドイツが内需を拡大して世界経済をけん引すべきだとする議論が国際協調の旗のもとに勢いを持っていたのですが、米長期金利は1987年初めに7・1％台だったのが、9月には10％目前まで急騰します。米国の思惑をよそにドイツ連銀のペール総裁は10月9日に利上げに踏み切り、市場は日米独の国際協調に疑念を抱いたのです。米株式市場から海外の資金が逃げ出す連想が働いたのを一因に株価が暴落したといわれています。この時、日銀も利上げを検討していたのですが、株価大暴落の光景を前に一気にその機運は潰え、89年5月まで利上げは先送りされました。バブルが行き過ぎた一因として日銀の利上げの遅れを挙げる声があります。

３つ目のポイントは、金利は国の信用を示す物差しであり、財政の持続可能性や海外への資金逃避といったクリティカルな危機の可能性を端的に示すということです。日本の普通国債残高は２０２４年度末に１１０５兆円にのぼり、公的債務残高のＧＤＰ比は２５１・９％（ＩＭＦ推計）と主要国で最悪の水準にあります。そんな日本の話はさておき、国の信用力が低下するとどうなるかを解説しましょう。

最もわかりやすい例が１９９７年のアジア通貨危機です。危機の前には海外からの短期の資金が、相対的に成長力が高い途上国市場に流入していたのですが、米国の金融引き締めによって大幅な外貨の資金不足が発生し、マネーが逆流を起こしました。７月のタイの通貨バーツの暴落を皮切りに、インドネシア、年末には韓国が外貨の資金繰りに窮してＩＭＦの支援を受けるに至りました。翌年夏にはロシアがルーブル建ての国債の返済猶予を発表し、金融危機が広がったのです。通貨が暴落した国では物価が何倍にも暴騰します。

通貨価値を守るために必要なのは金利の引き上げです。２０２４年7月31日に日銀が0・25％への利上げに踏み切り、翌8月1日から3日間で日経平均株価が６６００円以上の下落に転じたのは、「新興国型の通貨危機」への不安が広がったからです。私が話を聞いた首相官邸や財務省の幹部に共通した認識で、それを受けて日銀も慎重姿勢に転じたのだと思います。円相場と金融政策の関連については3章の「金融政策を読む」で詳述したいと思います。

2 為替

円相場乱高下の〝真犯人〟とは

ここでは円相場の読み方についての基本の押さえ直しから始めます。円相場は2014年頃からだいたいの期間、1ドル＝110円をはさむボックス圏で推移しました。市場介入もなく、外国為替証拠金（FX）取引をする人にとってはうまみが少ないマーケットだったかもしれません。その一方、企業にとっては相場変動が少ない分、事業計画が立てやすかったともいえます。円高なら海外事業で計上する売り上げや利益が目減りするため、収益にはマイナスですが、海外投資は割安になります。

一方、2022年以降、円安が進むと外国人訪日客にとって日本のすべての物価が割安に映り、爆発的なインバウンド客の増加につながりました。資源高もあってガソリン代や光熱費、食料品などの値上げが相次ぎました。家計や中小企業にとってはコスト高が大きな負担になりました。グローバル展開する企業は収益がかさ上げされ、株高の要因にもなりました。私は中長期の為替動向がどうなるかをウオッチすることを重視しています。

「売り」「買い」が同時に発生

為替取引は、円を買ったり売ったりすると同時に、交換する別の通貨を売ったり買ったりする取引です。株式の取引であれば、ある会社の業績がよいといった理由でその会社の株式が買い進まれ、株価が上昇します。だからといって、別の会社の株式が同額売却されたり、値下がりするという取引ではありません。株式であれば、その会社の成長性や収益力、財務の安定性など個別の状況が企業価値に反映されます。

しかし、円相場の場合、円とドルを比べてどちらの価値が高いか、あるいは今後高くなりそうかという観点で取引されます。経済成長率やインフレ率など経済の基礎的条件（ファンダメンタルズ）の比較は、企業研究に似たものがありますが、**2つの通貨を比べてどちらの経済が優れているか、あるいは見劣りするかという判断が基本の第一です**（もちろん、円・ユーロや円・豪州ドルなどドル以外の通貨との取引もあります。時々

「円全面安」という見出しのニュースが伝えられますが、この場合は円が対ドルだけでなく、ユーロや豪ドルなど他の通貨に対しても全面的に売られる状況を示しています）。

つまり、円相場が下落する時、ドルがその分上昇するという相対的な価格変動であることを押さえる必要があります。必ず円の後ろにドルがあり、日本の通貨当局の裏側に米国の通貨当局がいるということです。円相場が急変動すると、かつては「円高を何とかしろ」となりましたが、最近は「円安をなんとかしろ」という声が沸き起こります。為替取引である限り、相手国がある話ですから一国の政策だけを修正しても、思い通りにならないというのが現実です。

この本質が端的に表面化するのが、為替の市場介入の可否です。日本にとっては安すぎる円であっても、米国にとって高すぎるドルとは限らないわけです。日本の財務省が米財務省と緊密に連絡を取って日本の立場を説明し、円相場の「過度の変動」という共通理解が得られた場合に限って、円買いないし円売りの市場介入ができるのです。

市場介入は前日銀総裁の黒田東彦氏や、最近では内閣参与に転じた神田真人氏が務めた財務官というポストに委ねられています。いわゆる「通貨マフィア」と呼ばれる人たちです。

米当局との調整に不協和音があると、市場介入の後に米側から不満が漏れ出し、市場がそれに反応します。介入の効果を台無しにするということになりかねません。ですから、日常からの緊密なコミュニケーションが必須になります。日本の財務官がどう発言するかも重要ですが、それ以上に米国の財務長官らが日本の市場介入をどのように評価しているのか、聞き耳を立てる必要があります。

当然ですが、そこには政治的な要素が混じってくる場合もあります。日本は経済的に対米依存が大きいだけでなく、外交・安保の観点でも日米同盟がなければ不安定な国際情勢に対応できません。このため、円相場は時々の日米関係に左右されてきました。

1990年代の前半、クリントン政権下で日米自動車摩擦が激しかった頃、米通商代表部（USTR）のカンター代表やベンツェン財務長官が円高を促す口先介入をちらつかせて日本に譲歩を迫った経緯はよく知られています。レーガン大統領と中曽根康弘首相のロン・ヤス関係以来、日米首脳間の関係がよいほど円相場は安定するといわれてきました。小泉純一郎首相とブッシュ大統領の関係もそうでした。

水は低いほうへ、お金は高いほうへ

2つ目の基本は、金利が高い通貨は価値が高くなり、低い通貨は値下がりするということです。水は高いほうから低いほうに流れますが、マネーの動きは逆だと考えればわかりやすいでしょう。

経済のファンダメンタルズを日米で比べて、いちいちどちらがどう優れているかを分析しても、目先の円が売りか買いかの判断はできません。市場は瞬時に反応するだけであり、その理由の多くは後講釈です。その中で、最もわかりやすいのが2国間の金利差です。2022年以降、米国の金利が上昇し、日本の超低金利が続く局面では、日米の金利差が拡大して円安が続いたのは自然な動きでした。

3つ目の基本としては、貿易収支や経常収支、資金収支などに表れる通貨の需給があります。ドルを買って円を売る需要が強まれば円相場には下落圧力がかかります。最近はあまり材料視されていませんが、１９８０年代後半は米国の「双子の赤字」が注目され、貿易赤字が拡大するとドル安が進み、日本の生命保険会社などの米国債投資の動向も為替相場を占う有力な材料でした。最近でいうと、新ＮＩＳＡのつみたて投資枠の資金が海外株の投信に向かっていることも、円安の材料になっています。

ここまで為替相場を左右する３つの基本を説明しました。為替取引がペアの通貨の売買である限り、円相場は米国経済やその金利動向から離れて変動することはあり得ません。日本経済が活性化して賃金と物価の好循環が実現すれば経済成長率が高まり、円高方向の力が強まるでしょうが、それは一朝一夕には成就しません。では、円相場の行方を占う時にチェックすべき新たなポイントは何でしょうか。

円急騰を演出した「円キャリー取引」

1つは、ヘッジファンドなど海外の投機筋の取引動向を注意深くフォローすることです。円相場は２０２０年末に1ドル＝１０３円台だったのが翌年末に１１５円台に緩やかに下落しました。ところが、米国のインフレ圧力が高まり、米金利が急激に上昇した2022年10月には一時151円台まで円安が進み、政府・日銀は2度の円買い介入に踏み切りました。2023年1月にはいったん127円台まで戻したのですが、米国の金融緩和への転換が遅れ、日銀の超金融緩和の是正に時間がかかるとの見方が広がって、2024年4月には157円台、7月には161円94銭をつけたのです。

この間の円相場の急落を演出したのが海外の投機筋による「円キャリー取引」でした。円キャリー取引には2種類あります。もともとは通貨の持ち高（ポジション）を持ち越す（キャリーする）というのが広義の取引を指します。ポジションを持ち続けると相場の急変動で損失が発生するリスクが高まるため、銀行のディーリングでは翌日まで大きなポジションを持ち越すことはほとんどないといわれます。

もう1つは狭義のキャリー取引です。低金利の円を借りて高金利のドルで運用する、これが円・ドルのキャリー取引です。なぜこの取引が膨らむと円安が加速するかを説明しましょう。

円相場が1ドル＝１４５円の時に１００万円を借りてドルで運用する時、円金利が0・25％、ドル金利が５・５％だったとしましょう。（あくまでイメージなので手数料や税金は省略します）。金利差が５・25％ですから、１００万円×０・０５２５×３６５分の１＝１４３円分の利益（スワップポイント）が毎日発生します。個人が外国為替証拠金（ＦＸ）取引で儲けるには元本リスクが大きい割に得られる利益が小さいことがわかります。それよりはドル高が進むことで得られる利ざやのほうに目が行きます。

しかし、数百億円を運用するファンドなら話は違ってきます。１００億円で1日１４３万円の金利収入が入りますし、そうした取引の積み重ねが、為替市場に円売りの勢い（モメンタム）を作り出します。こうしたファンドの円キャリーのポジションについて動向を示しているのが、米商品先物取引委員会（ＣＦＴＣ）がまとめる投機筋（非商業部門）の週次ポジション動向です（43ページのグラフ）。

このグラフで明らかなのは、２０２４年8月初めの円相場の反転・上昇が、円の大きな売りポジションをためていた投機筋が一挙にそれを反対売買して、むしろ買い向かったことによって起こったという事実です。グラフをみると、円先物の売りポジションが

投機筋の円の持ち高の推移

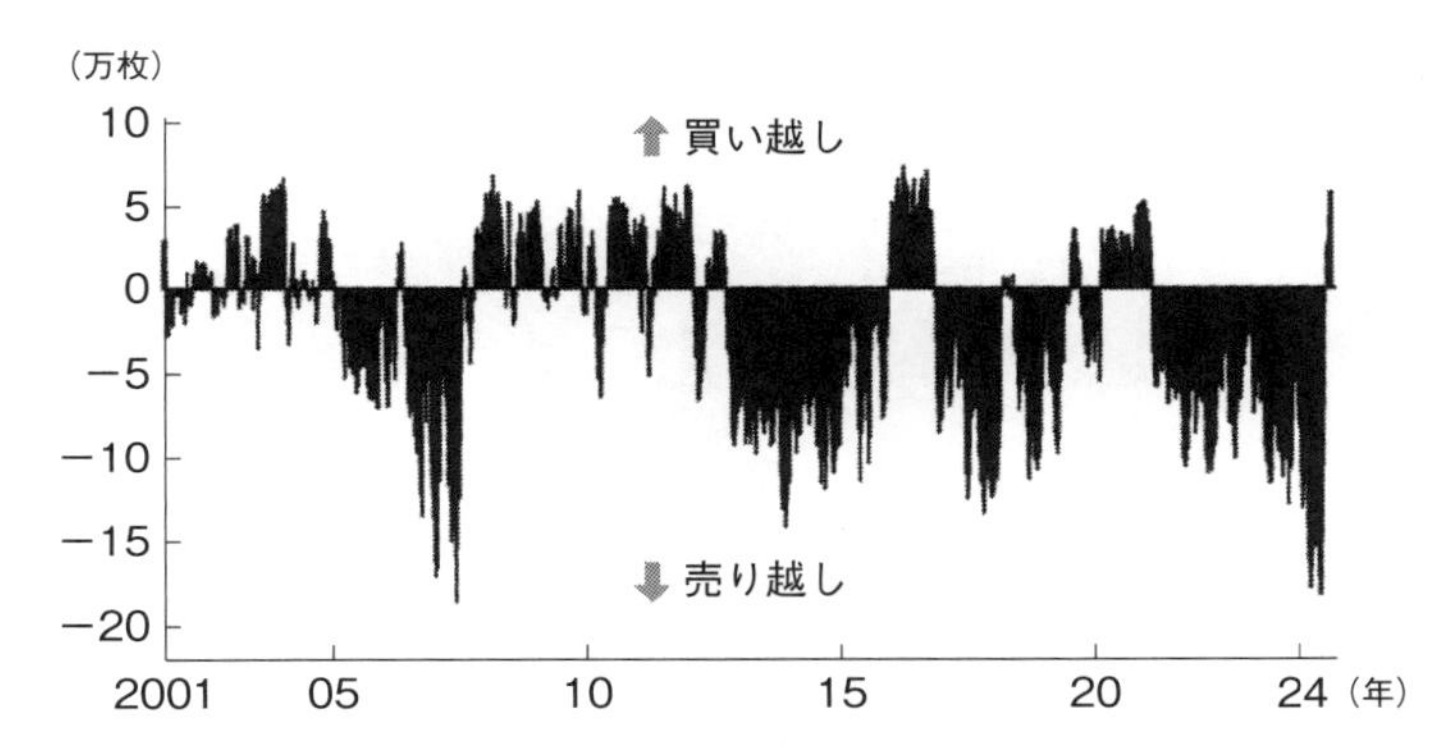

出所：米商品先物取引委員会（CFTC)。2024年9月19日日経電子版より

買いポジションに変わったことがはっきり表れています。ただ、あくまでそれは事後的にわかることです。事前には円売りのポジションが大きく膨らんでいることがわかるだけです。ただ、一方に持ち高が傾いていることがわかれば、いずれ大きな揺り戻しが発生することを想像できます。

「円売り↓株高」の連鎖

注目すべき2つ目のポイントは、円キャリー取引が単に円売りポジションを膨張させただけでなく、それを日本株や他の高金利通貨、暗号資産を含む商品などで運用し、買いポジションを膨らませてきたことです。こうしたヘッジファンドは「マクロ系」と呼ばれ、通貨、株式、債券、商品などあらゆる運用先について大局的な視点で割安か割高かを分析し、割安な資産でロング（買い）ポジションを、割高な資産でショート（売り）ポジションを積み上げています。

ご存じのように急激な円安は、2024年初めから東京市場の急ピッチな株高と同時進行しました。マクロ系のファンドが円売りと同時に日本株買いのポジションを積み上げてきたからです。彼らは日本株の上昇で円資産が増えますが、一方で円安が進行するとドルベースの日本株の資産は目減りしてしまいます。それを防ぐために為替ヘッジの一層の円売りを仕掛ける流れとなります。「円売り→株高→円売り」という一方向の取引が雪だるまのようにどんどん膨張していったのです。

では、そうした取引が逆回転を起こす「臨界点」はいつ、どこで訪れるのでしょうか。私は2024年5月に新興国をBRICS（ブラジル、ロシア、インド、中国、南アフリカ）と命名したことで知られるジム・オニール氏のインタビュー記事（米ブルームバーグ通信、2024年5月2日、円安「通貨危機」の様相、米当局も注視）を読んで、「変調の始まり」を予感しました。

それによると、オニール氏は「日本銀行や日本の当局者が継続的な円安の進行を望まないことは、かなりはっきりしており、ある時点でヤマ場を迎えるだろう。中国を含む他のアジア諸国も望まないと考えられ、米財務省もあまり喜ばないことを恐らく意味する」と述べています。オニール氏は2022年6月にも「円相場が1ドル＝150円まで下げるとアジア金融危機が再来する可能性がある」と発言していました。

もちろん、いつ相場の揺り戻しが起きるかは、地震を予知することくらいに予測が困難です。ただ、特定の識者の見方は参考になります。オニール氏は米ゴールドマン・サックスでエコノミストを務め、英国でトラス元首相が財源の裏付けのない大規模減税策を発表してポンド売りと金利急騰に見舞われた後、王立国際問題研究所（チャタムハウス）の非常勤顧問を務めました。つまり、金融危機の専門家です。歴史観があって各国当局との関係も深いこうした識者の見解は大変参考になります。

オニール氏以外ではノーベル経済学賞を受賞したポール・クルーグマン氏のニューヨーク・タイムズへの寄稿も参考にしています。同氏は中国経済の停滞を日本のバブル崩壊後と重ね合わせた論考で「中国のほうが深刻かもしれない」と発言したり、インフレ懸念と景気後退懸念で揺れる米国経済の先行きについて「景気後退懸念のほうにリスクがある」と述べたり、多くの示唆を与えてくれます。

ここで3つ目のポイントです。**効果的な為替介入を狙う通貨当局も「臨界点」を探し続けているという事実です。**日本がゴールデンウイーク中の2024年4月29日の政府・日銀による円買い介入は効果的でしたが、円はその後さらに売られ、1ドル＝161円94銭の安値を付けたのは7月でした。ただ、4月末の介入直後にオニール氏の発言が出たように、投機筋の円売りポジションは戦線が伸びすぎて兵たんが続かない領域に近づいていたといえるでしょう。

財務官経験者にこんな話を聞いたことがあります。「ヘッジファンドの関係者と話をすると、マクロ政策の転換が起きないなら一方向の取引をさらに膨らませ、相場水準を切り上げるとか、切り下げるとか脅してくる。しかし、その実、政策転換がいつなのかを必死に探ろうとしており、ポジションを傾け過ぎていると自覚している。こちらはその弱みにどうつけ込むかだ」。

狐とたぬきの化かし合いのようなものですが、相場に一方向のモメンタム（勢い）がある時に市場介入をしても砂漠に水をまくようなものです。臨界点に近いタイミングをどう見つけて介入効果を高めるかは、当局にとってもポイントなのです。

3 株価

知っておくべきマクロ、ミクロの重要指標

2024年1月の新NISA（少額投資非課税制度）の導入で株式投資のハードルは大きく下がりました。2024年8月に日経平均株価が大きく下落した時、鈴木俊一金融担当相が投資家の動揺を鎮めるために次のように話しました。「長期、分散、積み立て投資の重要性を考慮して冷静に判断してほしい」。新NISAの3つの原則は、この「長期、分散、積み立て」です。

若い方はご存じないでしょうが、私が社会人になる頃はまだ「マル優」（少額貯蓄非課税制度）があり、銀行預金や郵便貯金などの利子課税は優遇されていました。それが廃止され、「貯蓄から投資へ」という合言葉は時代の通奏低音としてずっといわれ続けたのですが、ようやく制度として実装されたわけです。新NISAを説明する時に必ず出てくる図表が49ページのグラフです。

新NISAの長期・積み立て・分散投資のシミュレーション

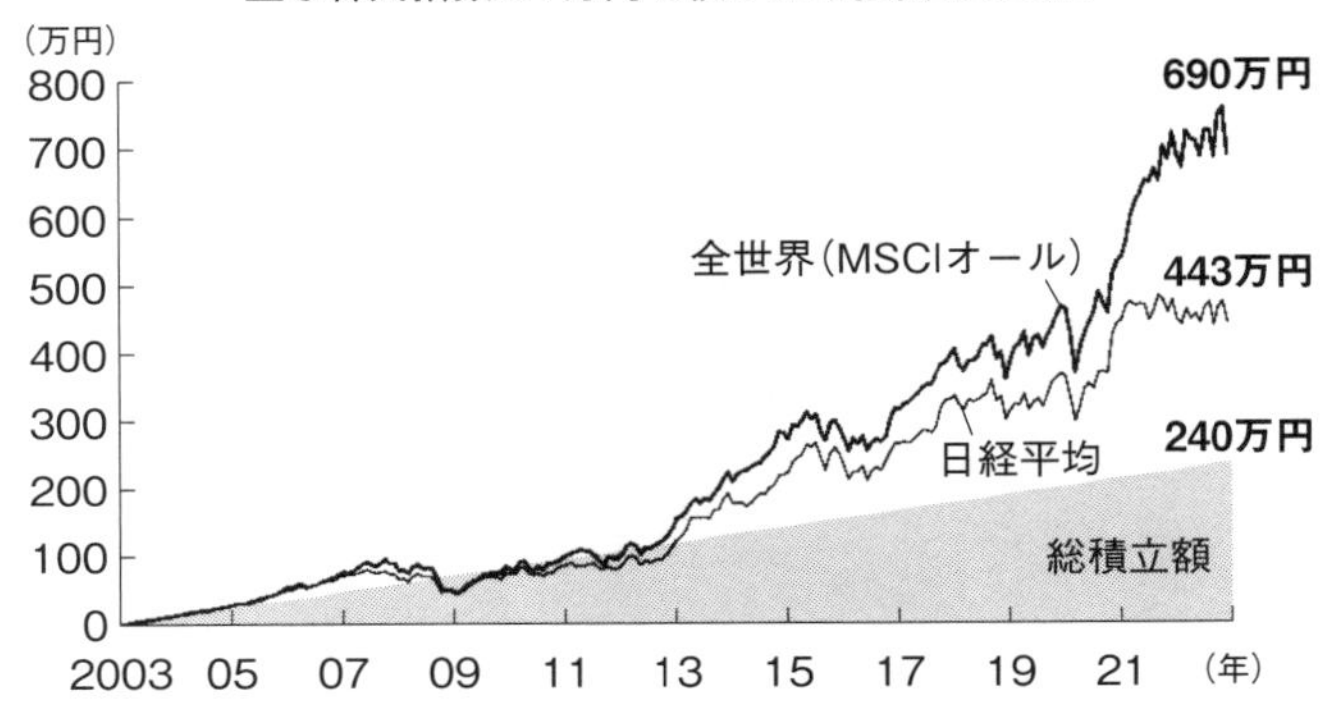

出所：金融庁「はじめてみよう！ NISA早わかりガイドブック」

新ＮＩＳＡにはつみたて投資枠と成長投資枠があります。株価の急落に驚いた投資初心者も多かったと思いますが、担当大臣の言う通り、つみたて投資枠で月々一定額を投資している人にあまり動揺はなかったのではないでしょうか。グラフには２００８年９月に米リーマン・ブラザーズが経営破綻した金融危機の期間も含まれていますが、２０１３年以降はその期間の下落を取り戻し、右肩上がりのパフォーマンスをあげています。

金利上昇は株価の「大敵」

ここでは、まず株価とマクロ経済環境の関係を押さえ直し、その後に個別株の投資判断に重要な指標を取り上げます。

一般的に株価は金利が下がると上昇し、上がると下落する傾向があります。株式投資による主なリターンは値上がり益と配当です（株価が下がる局面でも「空売り」を使えば利益を出すことができますが、ヘッジファンドや信用取引などプロ投資家の手口なのでここでは省きます）。金利上昇で国債などの利回りが上昇すれば、株式投資の優位性が相対的に低下し、株価が下落しやすくなります。しかも、世界の市場は連動性が高まっているので、米国の金利上昇が日本の金利上昇に波及し、米国の株価下落が日本の株価下落につながる場面も少なくありません。

もう1つ、金利上昇は景気にマイナスですから企業業績の足を引っ張る要素になります。住宅ローンやクレジットカードの利用が落ち込めば、住宅投資や個人消費も冷え込みます。さらに、借入金が多い企業は金利上昇で返済負担が膨らみ、最後には経営破綻するリスクも増します。**株価にとって金利上昇が「大敵」であることがわかっていただけると思います。**

それでは次に個別企業の実力を測る指標を3つ紹介しましょう。まず株価純資産倍率（PBR、Price Book-value Ratio）です。時価総額を純資産で割って算出します。純資産は資産から負債を差し引いた金額で、おおまかにいえば、会社を解散した時に残る価値のことです。それに対して、株式市場で日々変動しているその会社の値段が時価総額になります。PBRは会社が資産をどれほど効率的に回しているか、成長への市場の期待がどれくらいあるかという物差しなのです。ＰＢＲが1倍に満たなければ、解散したほうがいいという評価ですから「割安」の状態といえます。

日本経済新聞でＰＢＲの意味を問いかけた記事で私の記憶に残っているのは、１９８６年3月の「会社は誰のものか」という連載記事の1回目です。見出しは「会社を解散して山分けしよう」。米国では企業買収が活発で、ＰＢＲが1倍に届かない会社には買収の矛先が向かい、株主のために会社を解散する経営者さえいるという内容でした。メーンバンクが安定株主の地位を占め、長期的、安定的な経営を重視する日本企業と、生き馬の目を抜くような米国の資本市場を対比させた記事はまさに会社は誰のものかを問いかけたのです。

それから40年近く経ち、日本企業同士で「同意なき買収」を巡る争いも表面化し始めました。いまも株主利益だけを追及するアクティビストには批判的な意見が根強くあります。株主だけでなく従業員や取引先、地域社会など多様な利害関係者（ステークホルダー）の利益にバランスのとれた配慮をすべきだという考え方です。40年前は銀行中心の間接金融の時代です。資本の厚みこそが企業の信用力であり、保有株式や不動産の含み益は投資を拡大する借り入れの大前提になっていたのです。

PBR重視を仕掛けた東証

ここにきて、そうした抵抗を押し返してPBRを重視する考え方が急速に広がってきたのは、東京証券取引所が市場における日本企業の評価が低いことを問題視し、2023年春に「資本コストや株価を意識した経営の実現に向けた対応」を上場企業各社に要請したのがきっかけでした。2024年には株価の改善に努力した企業のベストプラクティスなどを公表し、経営努力を後押ししています。

東証を傘下に持つ日本取引所グループの山道裕己CEO（最高経営責任者）について、「アクティビストの第一人者」と呼ぶ人がいるほどです。長年、日本への投資を続ける米ダルトン・インベストメンツのローゼンワルドCIO（最高投資責任者）は日本経済新聞のインタビューで「企業行動を変えて日本をよくする使命を担っている。取引所トップが率いるアクティビズムが市場にとって悪いはずがない」と話しています。

次に大切な指標は株価収益率（ＰＥＲ、Price Earnings Ratio）です。株価を１株当たり純利益（税引き後利益）で割って求めます。収益力に対して株価が高ければ「割高」、低ければ「割安」といえ、イノベーションの波頭を走る成長企業のＰＥＲは突出して高くなる傾向があります。ＰＥＲが便利なのは株式市場全体が過熱しているのか、そうでもないのかを測る物差しに使えるだけでなく、個別企業の株価についてもバブル的かどうかの判断材料になるからです。

日経平均株価は２０２４年2月にバブル期以来、34年ぶりに最高値を更新しました。「失われた30年」の幕引きと重ね合わせる見方が多かったのですが、１９８９年12月末の日経平均の予想ＰＥＲは62・58倍というとんでもない水準でした。当時といまでは単体決算から連結決算への移行などの違いがあり、単純には比べられません。ただ、長期で株式市場を見た時、日経平均のＰＥＲは15倍前後で推移し、最近もほぼその水準を保っています。１９８９年末の株式市場がバブルによる異常な活況だったことがよくわかります。

PER60倍超えのエヌビディア

60倍超えのPERで話題になる企業はいまもあります。人工知能（AI）向けサーバーの半導体で世界最大のシェアを持つ米エヌビディアです。売上高や営業利益を倍々ゲームで伸ばしてきた実績と天井知らずのAI需要の高まり、他の追随を許さない技術力など様々なストーリーが投資マネーを引き寄せ、2024年になると四半期決算の発表日は米国の雇用統計並みのマーケットの一大イベントとなりました。

エヌビディアほどではなくともハイテク企業の株は「グロース（成長）株」と分類され、PERが高い傾向があります。企業の成長速度が速いということは逆に、マクロ環境が逆風に変わると大きく下落するリスクがあります。金利低下で株価は大きく上昇する傾向がありますが、逆に金利が上昇すると大きく下げるリスクがあるのです。

グロース株と対比されるのが「バリュー（割安）株」です。公益企業や鉄道会社などがそれにあたります。米国ではバリュー株投資は退職後の高齢者に多いといわれます。安全重視で価格変動リスクをあまりとらず、長期・安定的な成長余地があり、配当を期

米エヌビディアの四半期業績の推移

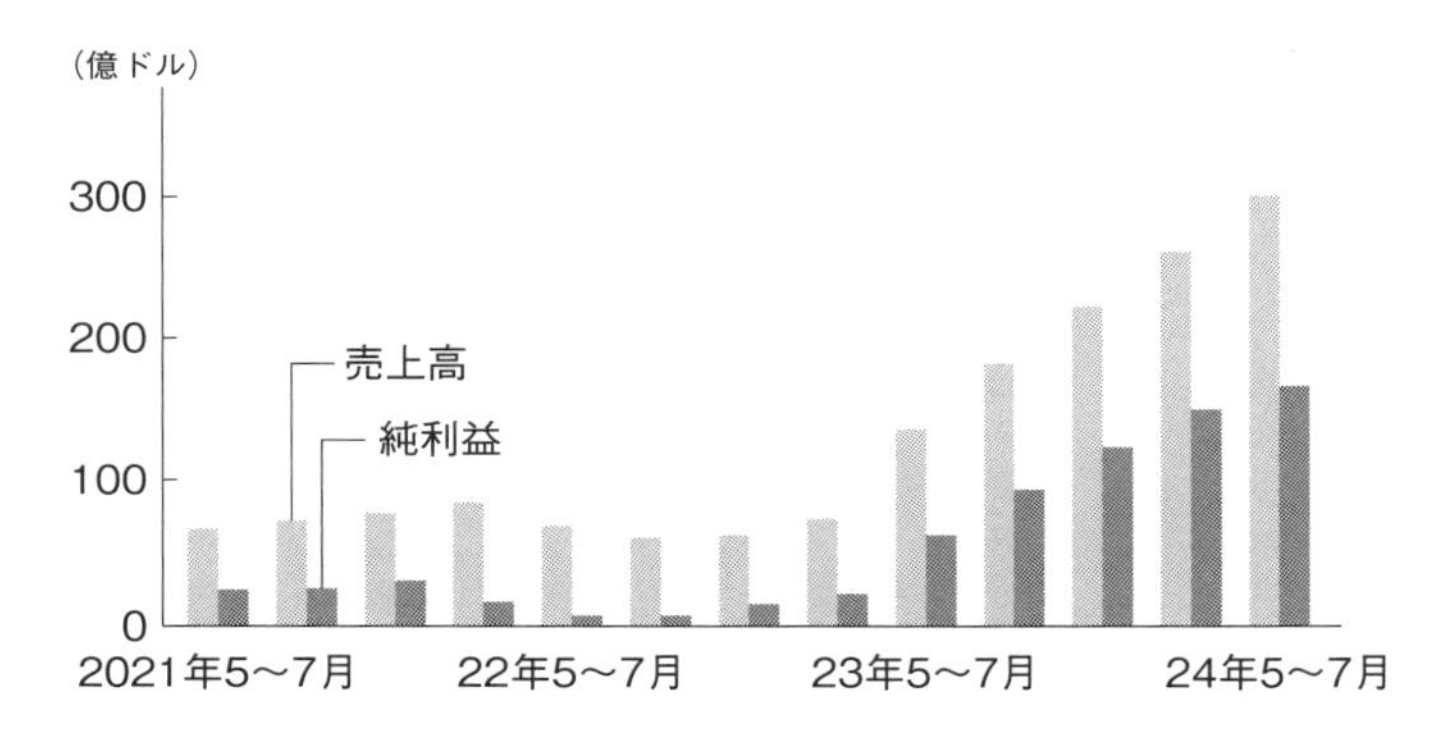

※2024年8月29日日経電子版より

待できる会社の株を好んで選ぶというわけです。PERやPBRでみると「割安」にみえるが、経営破綻のリスクが非常に小さいことが選別の目安になるでしょう。

最後の指標が配当利回りです。株価に対し、何%の予想配当があるかを示す指標です。投資先を選ぶ時に値上がり益を重視するのではなく、「配当が預金金利より高ければそれでOK」という投資家もいるでしょう。

超低金利で預金ではお金が増えない。日本国債で運用しても2024年夏時点では金利はせいぜい1%です。一方、日経平均採用銘柄の平均配当利回りは2%を超えます。同じ「おカネを寝かせる」なら経営が安定している企業の株式を買って配当を得ればいい、注目すべき指標です。

ここで注意すべきは「株式はその会社が経営破綻した時に紙くずになる」というリスクです。銀行預金であれば一金融機関当たり1000万円までは預金保険で保護されます。これに対し、株式は資本という性格上、返済順位が最も低く、従業員の未払い給与や退職金などの労働債権の返済が優先されます。実際に1990年代の金融危機では銀行の経営破綻が起き、株式が無価値になるケースが相次ぎました。配当狙いの投資は本来、その会社の成長性よりも安定性、安全性を重視するわけですから会社が倒産したら元も子もありません（あまり知られていませんが、決済性預金で無利子という選択をすれば1000万円を超えても保護される仕組みもあります。超低金利下でも普通預金はわずかながらも付利されるのですが、それをあきらめて銀行で手続きをすれば決済性預金として全額保護預金に変更することができます）。

「バリュー株」の代表だった東電が…

東日本大震災の津波で原子炉が炉心溶融（メルトダウン）を起こした福島第一原子力発電所の事故は東京電力株の暴落を招きました。2011年3月11日の東電の株価は2121円でしたが、4月上旬には292円まで86％も下落しました。事故の賠償負担は重く、配当は2011年度から停止されたままです。

公的資金の注入で経営破綻は免れましたが、経営が安定している会社というイメージから株を買っていた人は大きな打撃を受けました。福島第一の事故を予見するのは困難だったと思いますが、投資先の会社に財務上の問題がないかどうかはバランスシートや有価証券報告書をチェックすることである程度わかります。

ＰＢＲ、ＰＥＲ、配当利回りと３つの指標を紹介しましたが、粉飾決算などの問題が隠されていないか、当該企業の情報開示が十分かどうか注意深く分析することが大切です。たとえば、四半期ごとの決算報告は人間ドックの検査結果のようなものです。これに対し、有価証券報告書は年１回しか公表されませんが、精密検査の結果のように病変があれば監査法人から注文が付きます。この**「継続企業の前提に関する注記」（ゴーイング・コンサーン＝ＧＣ注記）が付されている場合、最悪の場合は倒産リスクへの注意喚起とみなされます。**ＧＣ注記には売上高の継続的な減少や営業キャッシュフローのマイナス、借入金の返済能力への疑義など様々なポイントがあります。

原油、金、暗号資産

投資には予測困難なリスクも

ここでは原油や金という商品相場、さらに近年注目されている暗号資産（仮想通貨）の相場の読み方を解説しましょう。まず原油相場の伝統的な見方から紹介します。

原油は代表的な国際商品です。基本は需要と供給のバランスで、需要が増えたり、供給が減ったりすれば価格が上がり、逆に需給が緩めば価格が下がります。需要の変化は世界景気の動向に大きく左右され、米国や中国などの循環的な波動が相場の行方に影響します。

米国はシェールガスや原油の生産によって２０１０年代に原油の輸出国に転じています。その面では、中国経済の指標の発表で原油相場が変動するケースが多いのが最近の傾向です。もちろん米国など先進国の金利が上昇すると、景気減速懸念で原油価格には下げ圧力がかかります。逆に金利が下がれば価格は上昇しやすくなります。

一方、供給側の要因としては、サウジアラビアやアラブ首長国連邦（ＵＡＥ）などで構成する石油輸出国機構（ＯＰＥＣ）とロシアが参加する「ＯＰＥＣプラス」による生産量の調整が、価格に大きな影響を与えています。産油国は原油の輸出が国家収入の多くを占めており、価格が下がりすぎると財政赤字に陥らないように生産量を減らす方針が打ち出されます。

相場を一変させたウクライナ危機

新型コロナウイルスによるロックダウンで、中国経済の低迷が始まり、原油需要が落ち込んでいるところに起こったのがウクライナ危機です。平時の原油相場が一変し、世界を揺さぶったのです。侵攻前の２０２２年1月には1バレル＝80ドル台でしたが、３月には一時１２０ドル台をつけました。米国を中心に主要7カ国（Ｇ７）がロシア制裁に踏み切り、ロシア産の原油が原則として禁輸されたからです。

もちろん、価格が急騰したのは化石燃料だけではありません。ウクライナが世界屈指の生産高を誇っていた小麦やとうもろこし、大麦などの相場も大幅に値上がりしました。小麦を輸入に依存する中東やアフリカ諸国の食糧不足につながったのです。

とりわけ打撃が大きかったのが欧州経済です。ロシアとドイツを結ぶ天然ガスのパイプラインが止まり、スポット市場の価格が急騰したことで、インフレに直撃されました。電気・ガス料金が何倍にも値上がりし、市民生活が脅かされました。英国ではジョンソン首相が退陣し、その後を継いだトラス首相が市民の不満に応えるために大規模減税を打ち出し、それが市場からポンド安、長期金利の急騰という形で「ノー」を突き付けられました。最終的には保守党から労働党への政権交代にもつながりました。

米国のバイデン政権が支持率を下げたのも、ガソリン価格の上昇などのインフレ対策への不満が強まったからです。日本は岸田文雄首相が国民の不満に先手を打ち、ウクライナ危機が始まる前の2022年初めからガソリン代に補助金を投入し、その後は電気・ガス料金の上昇を抑える補助金も予算化しました。家計にとってインフレの打撃が緩和されたのはよかったかもしれませんが、2つの点で問題がある政策だと批判もされました。1つは補助金がいつまでもやめられず、総額で新型コロナの特別定額給付金に匹敵する10兆円を超える財政負担になっていること、2つ目は本来、脱炭素を進めるには価格上昇によって需要を抑える必要があるのに正反対の政策を進めたことです。

脱炭素の流れにも異変が

原油相場の先を読むこの項の趣旨から脱線しているようにみえますが、脱炭素の流れがウクライナ危機によって世界的に踊り場を迎えたことは今後の原油・天然ガス市場を占う重要なポイントといえます。いったんはEUも米カリフォルニア州も電気自動車（EV）の普及を促すためにガソリン車の新車販売を2035年頃に止める方針を打ち出していたのですが、中国製EVの安売り攻勢と消費者のEV離れで判断は揺れ動いています。EUは合成燃料のe-fuelを使う内燃機関を認める方針に転じています。

もともとEU主導の脱化石燃料の流れを産油国は苦々しく受け止めていました。象徴的なのは、ガソリン価格の上昇に歯止めをかけるためにバイデン大統領が2022年7月にサウジアラビアのムハンマド・ビン・サルマン皇太子に原油の増産を求めたのに対し、ゼロ回答だったことです。トルコのサウジ大使館でサウジの政権に批判的なジャーナリストが殺害された件で、ムハンマド皇太子の関与を疑ったことが、関係悪化のきっかけといわれますが、**産油国の盟主として「脱炭素を言いながら、困ったら原油増産を言ってくる」という身勝手な理屈への反発があります。**

日本についても同様のことがいえます。ウクライナ危機の前年末に東京電力と中部電力の合弁会社であるＪＥＲＡがカタールの原油権益の更新交渉に臨みましたが、条件が折り合わず権益を失う結果となりました。より長期の契約を望むカタール政府に対し、脱炭素の流れを重視して長期契約に消極的だったＪＥＲＡが譲歩しなかったからだといわれています。

ロシアは自国原油や天然ガスについて、西側が原則禁輸の措置を講じたことを受けて、インドと中国向けの輸出を増やしました。西側がタンカーの船舶保険料の契約を認めないことで、市場価格より安い1バレル当たり60ドル程度の輸出を強いられ、インドと中国は割安のエネルギーを確保するチャンスを得ました。

西側の制裁以降のロシアの化石燃料の輸出動向をウオッチしているフィンランドの「エネルギー・クリーンエアー研究所」（ＣＲＥＡ）によると、２０２２年２月のウクライナ侵攻以降、インド向けの輸出量の伸びはめざましく、３倍程度に膨らんでいます。ロシアは中国向けの輸出増にも期待していますが、中国は経済不振の影響もあり、すでに輸出先１位の座をインドに明け渡しています。

日本は原油の９割を中東に依存しており、液化天然ガス（ＬＮＧ）についてはサハリン１の権益を維持し、現在もＬＮＧ輸入の８％程度のシェアを占めています。脆弱なエネルギー構造は、東日本大震災による福島第一原子力発電所の事故によって多くの原発が運転停止に追い込まれているからでもあります。エネルギー政策の迷走が続く限り、原油相場の動向は日本経済を左右する要素であり続けます。この問題はパレスチナ・ガザ地区の紛争など中東の地政学リスクの項で改めて取り上げたいと思います。

「不確実性」に連動する金相場

続いて金相場の話です。通貨には「交換価値」「貯蔵価値」「価値の尺度」という３つの機能があるとされています。日常生活でいえば買い物をする交換価値、貯蓄して将来の大きな買い物に備える貯蔵価値、さらに鉛筆ならいくら、マンションならいくらという価値の尺度に使われているわけです。金は世界的にも産出量や流通量が希少であるために通貨を補完する役割を果たしてきました。

金本位制という仕組みは戦後も一部でありました。自国通貨を金と一定のレートで交換することを保証する仕組みで、通貨の発行量を一定範囲に収め、インフレを抑制する制度だったのです。しかし、1971年8月に当時のニクソン米大統領が「米国は金本位制から離脱する」と発表しました（ニクソンショック）。日本も明治から大正時代にかけて金本位制を採用していましたが、大量の金の海外流出に直面し、1931年に金本位制を停止。戦後は1ドル＝360円という固定相場が続き、ニクソンショックで一時1ドル＝308円という固定相場に移行したものの長続きせず、1973年2月に変動相場制に移行しました。

金の特徴はこうした通貨制度の変遷にかかわらず、いまも希少価値があり、インフレに強いことにあります。通常はデフレのような金利が低下して現金の価値が上がる局面

では相場は弱含みます。逆に、インフレが高進する局面では現金の価値が低下するので金相場は上昇します。しかし、最近の相場動向は必ずしもそうした従来の常識通りではありません。インフレのリスクヘッジだけでなく、デフレ時には企業の経営破綻が増えるなどのリスクも高まるので「安全資産」としての金が注目されるからです。世界で紛争など地政学リスクが高まる局面でも金相場は上昇しやすくなります。

実際、2015年以降のNY金先物の動きをみると、2020年の新型コロナウイルスによる景気後退と大幅金融緩和の局面で大きく上昇し、同年夏に高値をつけます。その後は一進一退が続きましたが、金融引き締めが続いていた2023年秋以降、さらに相場水準を切り上げました。結論としては、経済の先行きについて不確実性が高い時に買われやすく、逆に景気が適温で推移すると、株式など他のリスク資産のリターンが高くなり、金を買う理由が乏しくなります。

もう1つ重要なのは需要と供給のバランスです。金本位制が停止されているとはいえ、金は国家の準備資産の一角を占めています。

新興国は外貨準備の金比率を高めている

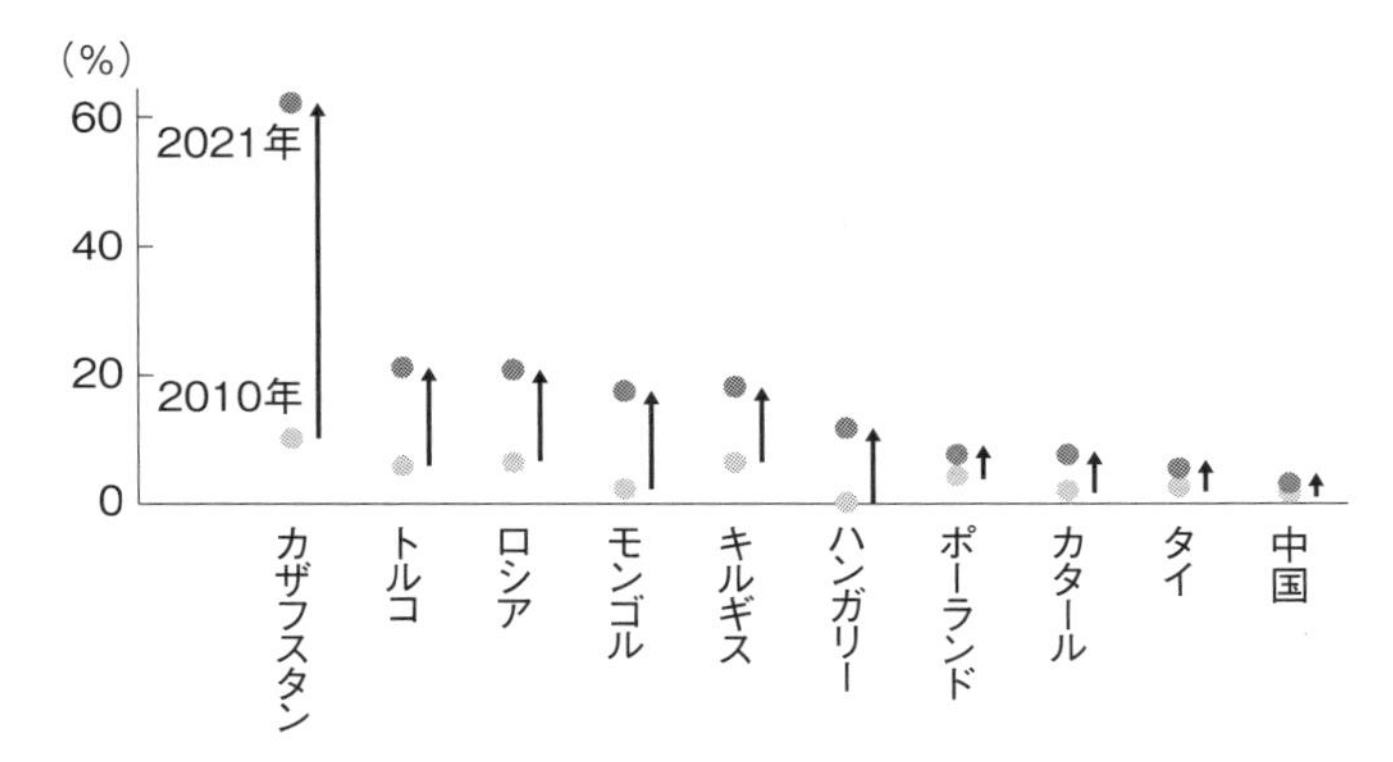

出所：IMF、WGC。いずれも9月時点。2021年12月26日日経電子版より

とりわけウクライナ侵攻や米中対立で、ドル資産が米国の安全保障上の理由から凍結されるリスクがあることが浮き彫りになりました。2023年の中国の金の保有額は前年に比べて3割も増え、中国人民銀行など各国の中央銀行が外貨準備で金を買い増す動きが目立っています。中国は米国債の保有を減らしつつ、金を増やしています。この動きは中国やロシアにとどまらず、新興国にも広がっています。今後、米国が大幅な金融緩和を進めればドル安につながり、金相場を押し上げる要因になるかもしれません。

メタの仮想通貨はなぜ頓挫したか

最後は暗号資産（仮想通貨）です。SNSのフェイスブックで知られる米メタが、かつてリブラ（Libra）、その後ディエム（Diem）と改称した仮想通貨の発行を断念した経緯をご存じでしょうか。2019年に大々的に発表し、2022年に撤退を発表せざるを得なかったエピソードを通じて仮想通貨が何かをおさらいしてみましょう。

メタが検討していたのはSNSの利用者が簡単におカネをやりとりできる仕組みでした。ブロックチェーンの技術を使い、米ドルと交換可能な「ステーブルコイン」を目指していました。スマートフォンは持っていても銀行口座を持てない人が世界には何十億人もいて、その人たちに送金や決済手段を提供することはＳＮＳのプラットフォームを一段階引き上げる重要なステップになると考えたからです。

金が希少価値ゆえに通貨の機能を補うという説明をしましたが、仮想通貨もコンピュータを使ったマイニングで「発掘」しないと発行量に限界があり、電子帳簿の管理によって価格の安定性や透明性を保てるというものでした。

ステーブルコインには既存の通貨との交換性を確保し、仮想通貨の相場変動が激しいという弱点を補う狙いがあります。中国は２０２２年に北京で開いた冬季五輪で人民銀行による中央銀行デジタル通貨（ＣＢＤＣ）を試験運用し、その後、主要都市で利用できるよう運用地域を拡大しています。しかし、中国当局は人民銀行以外の仮想通貨を全面的に禁止しています。個人も含めた資金の流れを把握することで中国共産党が目指す「国家安全」のための監視社会が徹底されることになります。

ディエムにも2つの問題がありました。１つは現状の暗号資産もそうですが、マネーロンダリングなどに使われる可能性が高いという点です。米国は中南米の麻薬取引の撲滅を狙い、金融規制を強化してきました。日本国内では現金自動預け払い機（ＡＴＭ）で現金を送金する際に10万円を上限とする銀行が多数です。背景には米国主導の送金規制が主要国に広がったことがあります。それを考えると、米国の財務省やＦＲＢが関与できない世界で、送金が行われることは簡単には容認できないということです。

もう1つはテロリストや北朝鮮などのテロ支援国家が仮想通貨を使うケースへの対応です。すでに国連の調査では北朝鮮が暗号資産の窃取で巨額の外貨を稼いでいることが明らかになっています。

２０２1年にビットコインを初めて法定通貨に指定したエルサルバドルは、その後の相場の急落で混乱が広がっています。仮想通貨については日本国内でも本来の保有者の持ち分が消失するという事件が起きたことがあります。

そうしたいくつもの課題はあるのですが、米国などでは「成長市場」という見方が根強くあります。トランプ次期大統領が２０２４年11月の米大統領選の前に仮想通貨のコンベンションに参加し、「国の準備資産になり得る」と発言して業界に選挙への支援を求めました。仮想通貨は金などに比べると、価格変動の激しい投資先であり、余剰マネーが多ければ多いほど価格が急騰しやすく、リスクオフになると価格が急落する傾向があります。なかなか素人が手を出しにくい投資先といえるのではないでしょうか。

第2章

景気を読む

景気の先を読むことは、朝、自宅を出る前に天気予報を確認することと似ています。日々の仕事でも、あらかじめ想定できることを考え、取引先との商談に臨み、事業計画の修正が必要ないかをチェックしますね。そうした備えが景気の先を読む目的です。

① GDP 四半期単位の「経済統計の王様」

この章では、主に個人消費や設備投資など実体経済の変化をどうとらえるかについて解説します。日々、目まぐるしく変動する為替市場や株式市場とは違い、家計や企業の動きはもう少しゆっくりです。しかも、経済統計の多くは1~3カ月遅れで発表され、「近い過去の分析」であることに注意が必要です。

株式相場はよく半年先、1年先の景気の姿を映すといわれますが、一時的な変化の場合は鏡が正しい姿を映さない場合もあります。マーケットの動きと実体経済の動きの両方に目配りをして、景気が回復に向かっているのか、停滞しているのか、減速しそうなのかを見極めることが大切になります。

「実質」「瞬間風速」の意味を知ろう

経済統計の王様は「国内総生産（GDP）」です。四半期ごとに発表され、期間中の経済活動で付加価値がどれだけ増えたかを「実質経済成長率」という物差しで見せてくれます。

いくつかの言葉に戸惑う方がいるかもしれません。まず「実質」です。経済活動をそのまま反映したのが名目GDPで、物価上昇分を除いたのが実質GDPです。通常、成長率という時は実質GDPをいいます。物価が上昇して水ぶくれした分は付加価値の増加とはいえないからです。

もう1つ、「瞬間風速」という言葉をよく聞くと思います。たとえば、4－6月のGDP成長率を評価する時に、1年前のGDPと比べる前年比と、1－3月のGDPと比べる前期比があり、数字が異なります。当然、前期比のほうが景気の足元の状況が把握しやすくなります（うるう年の日数の変動など、四半期ごとに季節要因を取り除く季節調整が行われています）。

この前期比の成長率が4回続くものとして1年の成長率（年率）に換算したのが瞬間風速です。たとえば、前期比0・8％増だったとすると、年率は1・008×1・008×1・008×1・008＝1・0323で、3・23％成長になります。日本の最近の実質成長率はコロナ禍の反動があった2021年などを除くと1％前後にとどまっています。

経済の規模を示す時には名目GDPが使われますが、日本のGDPは2010年に中国に抜かれ、2023年にはドイツにも抜かれ、世界4位に陥落しました。世界のGDPに占める日本のシェアは1995年のピーク時には17・5％まで高まりましたが、2022年は4・2％にとどまります。円安による目減りも大きいので一喜一憂する必要はないのですが、国民1人当たりGDPでみても、2022年に経済協力開発機構（OECD）加盟国で21位まで順位を落としています。

2023年度の日本の名目GDPは596兆5000億円です。需要項目別にみると、個人消費が323兆円、設備投資が102兆円、政府消費が123兆円、公共投資

2023年度の名目GDPの構成

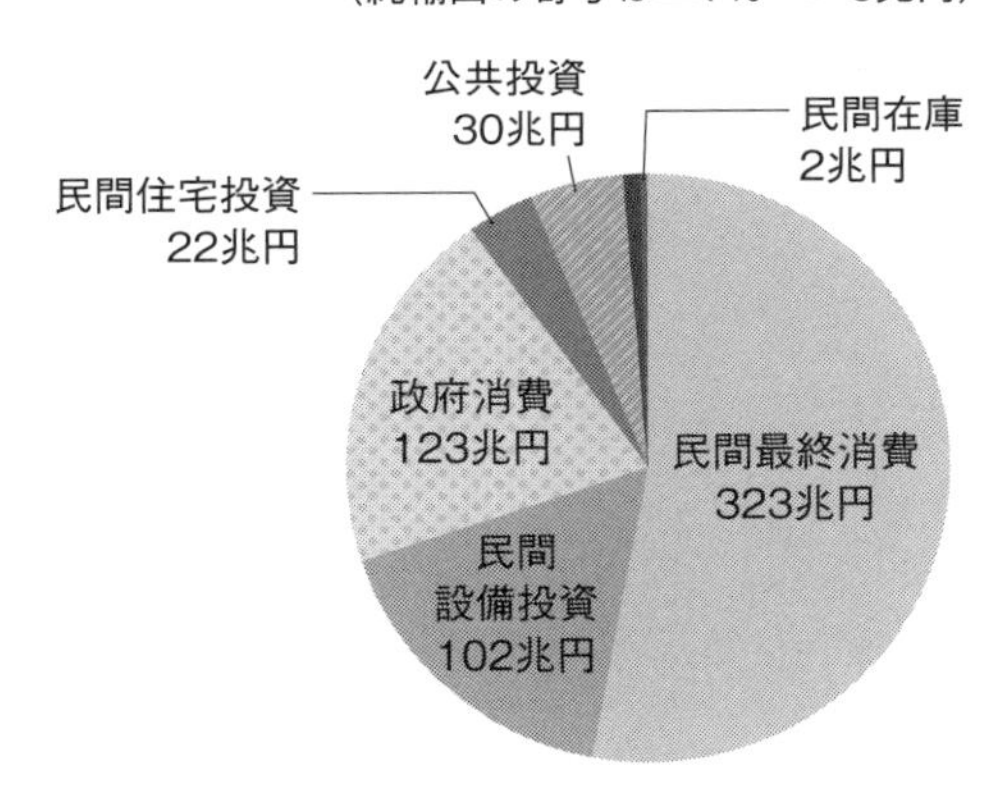

※内閣府の資料を基に作成

が30兆円、民間住宅投資が22兆円などとなっています。5割以上を占める個人消費が成長率を左右する最大の要因であることがわかります。では、GDP統計はどのように作成されているのでしょうか。

GDP統計は四半期に1度公表するため、QE（QUARTERLY ESTIMATES）と呼ばれます。GDPそのものは日本国内の経済活動全体を把握するために膨大なデータを加工して作られています。

速報ですべてのデータをそろえることは困難です。QEの推計方法は内閣府が「国民経済計算推計手法解説書（四半期別GDP速報（QE）編）」を公表しています。大事なのは、個人消費なら毎月の家計調査や家計消費状況調査、設備投資なら四半期ごとの法人企業統計調査（法人季報）、輸出入なら月次の貿易統計などの1次統計を活用している点です。つまり、GDPの主要な構成項目の動きは、それぞれの1次統計から予想できるということです。

先進国は同じ基準で算出

ＧＤＰ統計が便利なのは、先進国は同じ基準（ＳＮＡ＝国民経済計算）を採用しており、国際比較が容易なこと、速報性も共通していることが挙げられます。米国のＱＥで出てくる実質成長率や個人消費、住宅投資などの状況は日本のそれと比べることができます。

しかし、**中国の場合は、四半期ごとにGDPを発表していますが、瞬間風速の年率成長率は公表していません。**前年比のＧＤＰ成長率しか出しておらず、エコノミストはそれを年率換算する必要があります。もともと計画経済でスタートした中国は生産側の統計を重視してＧＤＰ統計を作成してきた経緯や、広大な国土で需要側の１次統計が取りにくいという事情もあって、ＳＮＡ基準への完全移行が遅れています（これはインドなどにも共通しています）。中国経済の停滞がはっきりする中で、最近のＧＤＰ統計で５％成長といわれる数字と、低迷する実体経済のずれを指摘する声も増えていることにも留意が必要です。

四半期ごとのQEで注目すべき点をみていきましょう。まずGDP成長率そのものです。日本の実質成長率は、ならせば年率1％程度と説明しましたが、個人消費や設備投資の趨勢がわかります。一方、近年、名目GDP成長率は物価上昇を反映して大きな伸びをみせています。この「名実ギャップ」はデフレ経済から普通の経済への移行を象徴的に示しています。名目成長率は国の税収の伸びや、企業の売上高や収益の伸びと連動する傾向があり、国の財政や企業業績への影響は名目のほうがわかりやすいといえます。

2つ目の注目点は「純輸出」です。もともとは輸出から輸入を差し引いた財の海外との取引を中心にしていましたが、最近はサービス取引の比重が増しています。ウェブ広告やクラウドなどのサービスと関係が深い①著作権等使用料、②通信・コンピュータ・情報サービス、③専門・経営コンサルティングサービスといった分野で海外への支払いによる「デジタル赤字」が拡大しています。これはGDPにはマイナスです。2023年度の名目GDPも純輸出はマイナスでした。

一方、旅行収支（日本での外国人旅行客の支出－日本人の海外旅行での支出）や投資収支（日本企業の海外投資から生じる収益－海外企業の日本への投資から生じる収益）

は黒字が定着しています。コロナ禍で落ち込んだインバウンド客の国内消費額は2024年1－9月ですでに5兆円を超えており、GDPを約1％以上押し上げる効果があります。

3つ目は景気の「山と谷」の判定との関係です。景気は回復、拡大、減速、後退の循環を繰り返し、経済を成長させていきます。この循環のピークが山、ボトムが谷にあたり、日本では内閣府の経済社会総合研究所長が景気動向指数研究会の検討を踏まえて決めています。

この時に参考にするのは毎月発表される景気動向指数（CI＝コンポジット・インデックス）です。ただ、判定に時間がかかるため、世間の関心はあまり高くありません。米国では実質GDP成長率が2四半期連続でマイナスになると、景気後退（リセッション）といわれており、NBER（全米経済研究所）が判定します。日本でもQEでマイナス成長が続くと景気後退懸念が強まり、政治的に景気対策を求める声が高まります。その意味でGDPの動きは、政府が景気対策に乗り出すタイミングを左右する材料になります。

企業の景況感

日銀短観と法人季報に表れる「今」

GDPについては「近い過去の分析」と性格付けをしましたが、実体経済の姿とほぼ一致する「ほぼ現在の分析」は何を見ればいいのでしょうか。ここでは企業活動を知る2つの統計を紹介します。

1つ目は日本銀行の全国企業短期経済観測調査（日銀短観）です。サンプル数が約9100社と多く、売上高や設備投資などの計数項目と、景気について「良い」「さほど良くない」「悪い」の3択で回答するといった判断項目で構成されています。

新聞のトップ見出しやテレビの経済ニュースで真っ先に報じられるのは、景気について「良い」と答えた社数の構成比から「悪い」と答えた社数の構成比を差し引いた業況判断DIです（83ページのグラフ）。通常、3、6、9、12月に調査して、その結果を翌

日銀短観の業況判断DIの推移

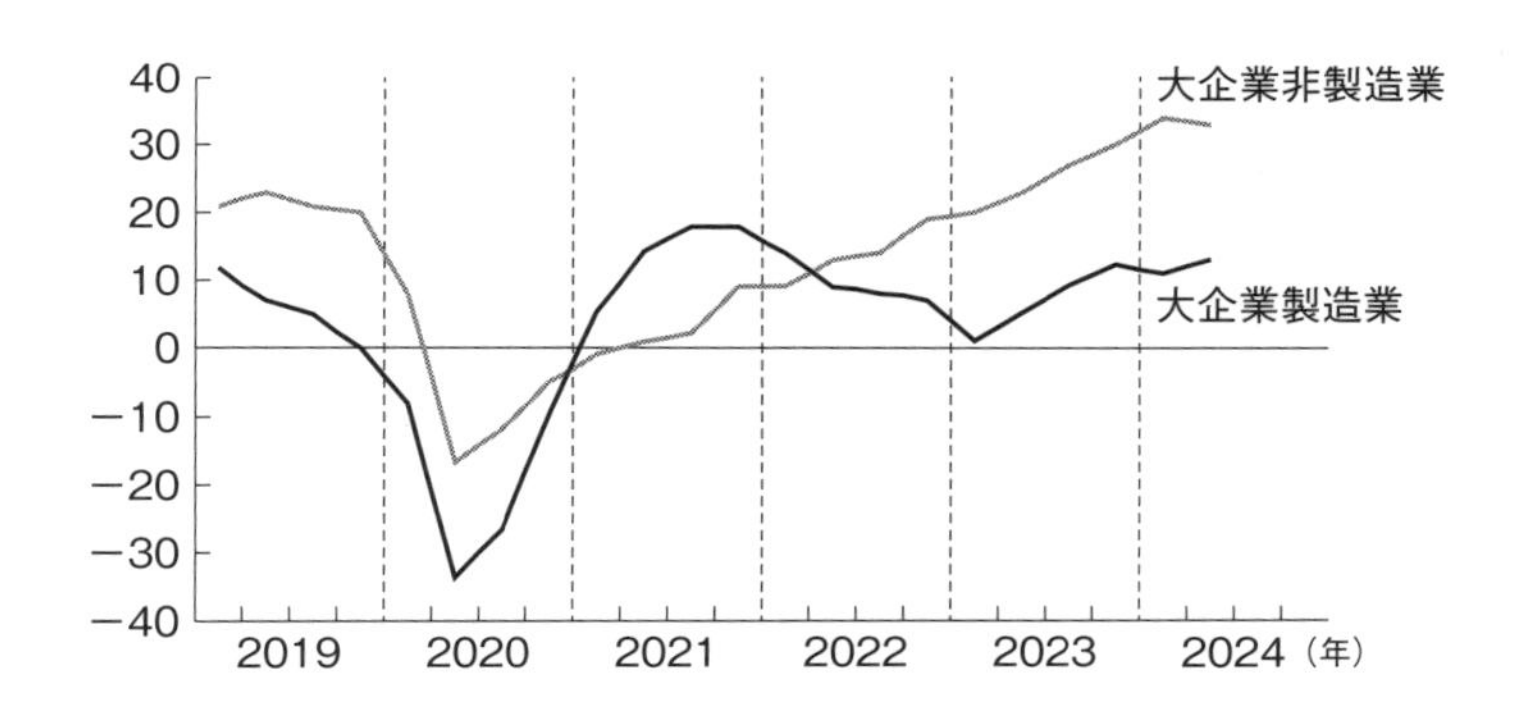

月上旬に公表しており、速報性があります。業況判断ＤＩは大企業と全企業、製造業と非製造業、あるいは各業種ごとにわかり、業界内における自社の置かれた環境も読み取ることができます。さらに、資金繰りや雇用人員などのＤＩもあり、金融環境が引き締まっているか、労働需給が逼迫しているかなども判断できます。

計数項目では、設備投資計画で今後の投資需要の強さがわかり、想定為替レートについて現状の円相場が割高なのか、割安なのかも知ることができます。日銀にとっては金融政策を判断する重要な材料でもあります。

計画を大きく下回る設備投資

企業活動の状況を知るもう１つの統計は、財務省が発表している法人企業統計調査（法人季報）です。四半期に１度発表する法人季報は資本金１０００万円以上の１２１万社が対象で、資本金による制限を設けていない２５５万社を対象とする年報と違いがあります。

日銀短観と法人季報で共通する重要データは設備投資に関するものです。短観は年度の設備投資計画の動向を3カ月ごとにフォローしており、企業が設備投資にどのくらいの意欲を持っているかがわかります。これに対し、法人季報は四半期の売上高や経常利益と合わせて設備投資額を聞いています。最近は経常利益の規模が過去最高を更新しているニュースとして取り上げられています。実現した投資額が示され、GDPの設備投資の一次統計でもあります。

近年、目立ってきたのは年度当初の日銀短観の設備投資計画が非常に高い伸びを見込んでいるのに、法人季報の設備投資額はそれに大きく届かないという事実です。意欲の面ではバブル期以来の国内投資のブームが来ているのに、執行ベースではそうならないのはなぜでしょうか。

大きな要因が人手不足と資材価格の高騰です。工期が遅れるため、発注が先送りされる例が相次いでいます。「着工がだいぶ先になるというならわかるが、ゼネコンは見積もりにすら応じてくれない」。工場建設を計画していた企業から漏れる嘆きの声は、長年、産業調査に携わってきた日本政策投資銀行の宮永径執行役員（設備投資研究所副所長）

全企業の経常利益増減率の推移

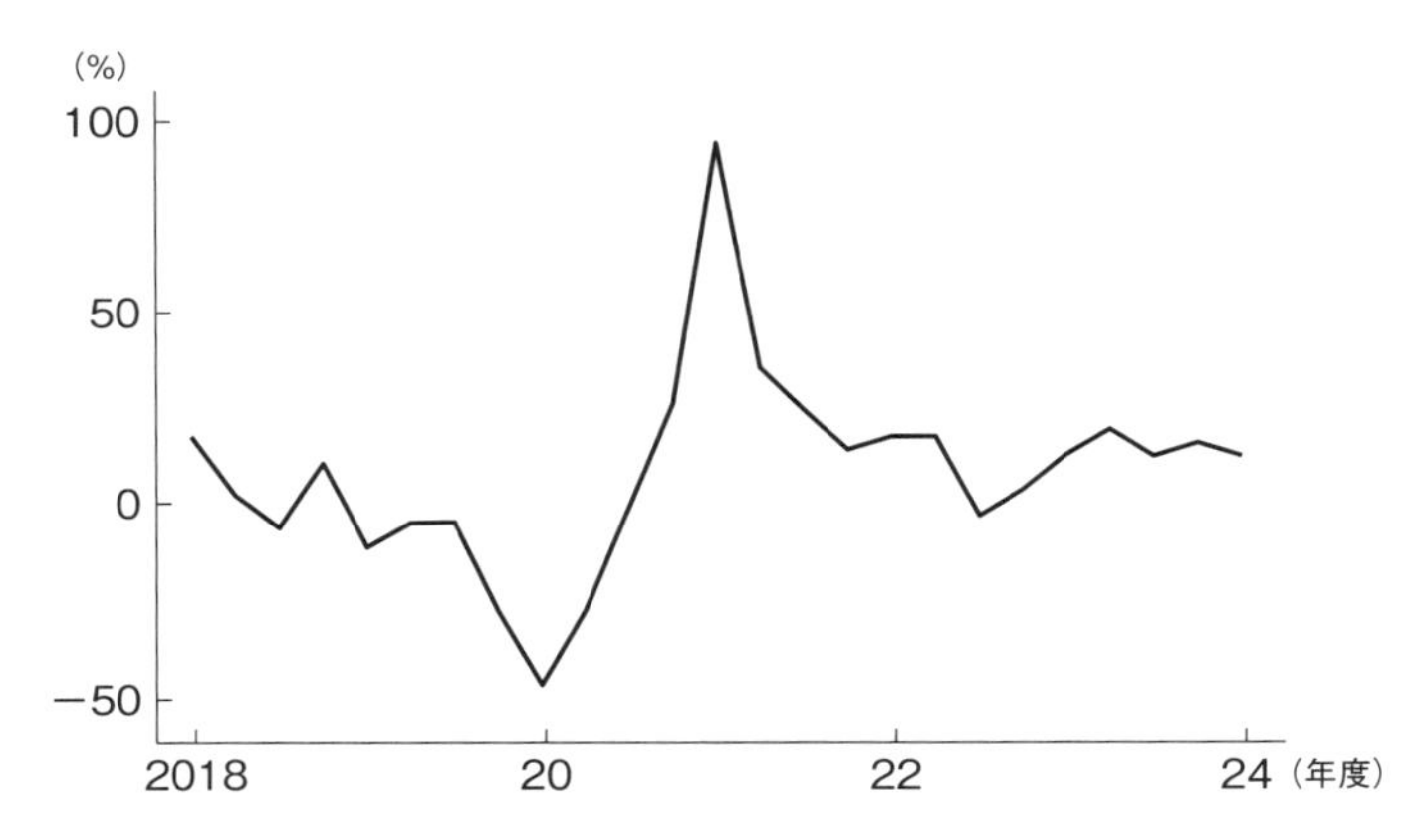

出所：法人企業統計調査。前年同期比、金融・保険業を除く

にとっても初めて聞く話といいます。

企業の設備投資意欲は強く、日本政策投資銀行の調査では、2023年度当初には設備投資額は20％超の増加が計画されていました。ところが、年度を締めてみると伸びは13ポイント以上低くなっており、計画と執行の差が一段と広がりました。GDPの名目設備投資の伸びも3～4％程度にとどまっています。

先送りされた投資が翌年度に実行されれば問題ないように思えますが、変化の激しい時代です。タイミングを逃せば商機を失い、機会損失が発生することは軽視できません。第5章で取り上げる人口減少が経済成長のボトルネックになり始め、今後さらに深刻になることにも注意が必要です。

先行指標となる機械受注統計

日銀短観や法人季報は四半期に1度しか発表されません。その間の毎月の企業活動を知る重要な指標もあります。設備投資や外需（輸出）については、その先行指標である機械受注統計に注目してください。毎月の発表は日本経済新聞にも掲載され、「船舶・電力を除く民需」が大きく伸びていれば、設備投資が堅調になることを意味します。

製造業や非製造業など業種別の動向も把握できます。工場だけでなく、最近では郊外の高速道路沿いに巨大な配送センターが立ち並ぶようになりました。インターネット通販などの在庫を保管し、注文に応じたピッキングをしてトラックに積み込む拠点ですが、そこには「マテハン」（マテリアル・ハンドリング）と呼ばれる、自動化ラインが整備されています。これも機械受注統計に含まれます。

外需は、たとえば米国や中国などで設備投資が活発化すれば産業機械などの輸出が増加します。中国が「世界の工場」としての地位を固めた時期には日本から産業用ロボットの輸出が増えました。最近は逆に外需のマイナスが中国の生産活動の弱さを示す指標になっています。

もう1つの大事な統計が鉱工業生産指数です。景気循環のどの局面にいるかを確認できる「くもの巣図」がよく知られています。これは生産指数の増減率を横軸に在庫指数

生産と在庫で景気循環がわかる

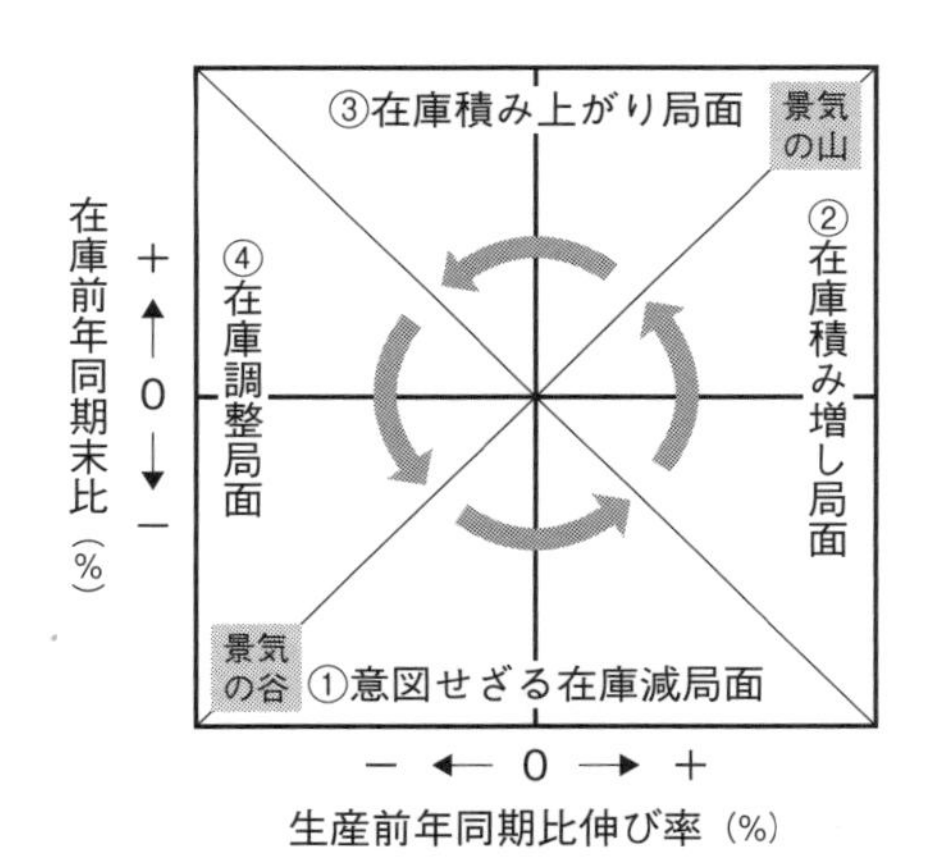

※経済産業省の資料を基に作成

の増減率を縦軸に月々の数字をプロットすると、右下から時計回りに回復、拡大、減速、後退という景気循環の軌跡をたどり、それがくもの巣に似ていることからそういわれています。

3 消費者の景況感

物価を超える賃金上昇がカギ

景気がよくなるには個人消費が回復することが大前提になります。ＧＤＰの５割以上を占めているからです。コロナ禍で政府は２０２０年に国民１人当たり10万円の特別定額給付金を配り、２０２２年からはエネルギー価格の上昇に対応し、ガソリン補助金や電気・ガス料金にも補助金を適用しました。コロナ対策が12兆円、エネルギー対策が10兆円という大盤振る舞いで、その後も２０２４年夏に世帯主と家族１人当たり４万円の定額減税を実施し、その総額は５兆円といわれています。

３つの施策の総額は27兆円にも達します。しかし、実質ＧＤＰでみた個人消費は２０２３年４−６月から２０２４年１−３月まで４四半期連続でマイナスでした。下支え効果はあったでしょうが、消費ブームが起きなかったのはなぜでしょうか。結論からいえば、物価の上昇に賃金の伸びが追いつかなかったからです。

補助金の影響にも注意が必要

賃金のデータは毎月勤労統計調査（毎勤統計）で、消費の伸びは家計調査で、物価の伸びは消費者物価統計で月々の動きを把握できます。ここでは毎勤統計のグラフ（93ページ）で実質賃金の動きをトレースしてみましょう。2023年春には春季労使交渉（春闘）で3％台の賃上げが決まったのですが、物価上昇を跳ね返すには力不足でした。2024年の春闘では連合調べで5・1％の大幅な賃上げが実現し、6月から実質賃金がプラスに転じました。しかし、8月、9月は再びマイナスに転じました。

物価を把握できる統計としては総務省が発表する消費者物価指数（CPI）以外に日銀の企業物価指数や企業向けサービス価格指数があります。賃金の影響を受けやすいのは財よりもサービス価格の動向です。消費者物価指数も財とサービスの価格の動きをそれぞれ把握できます。国内では生鮮食品を除く総合指数の上昇率がニュースの見出しになりますが、米国などでは食品とエネルギーを除くコア指数が注目されています。米連邦準備理事会（FRB）は消費者物価指数以外に個人消費支出（PCE）コア価格指数という物価指標に注目しており、連邦公開市場委員会（FOMC）が四半期に1度公表

現金給与総額と実質賃金の伸び

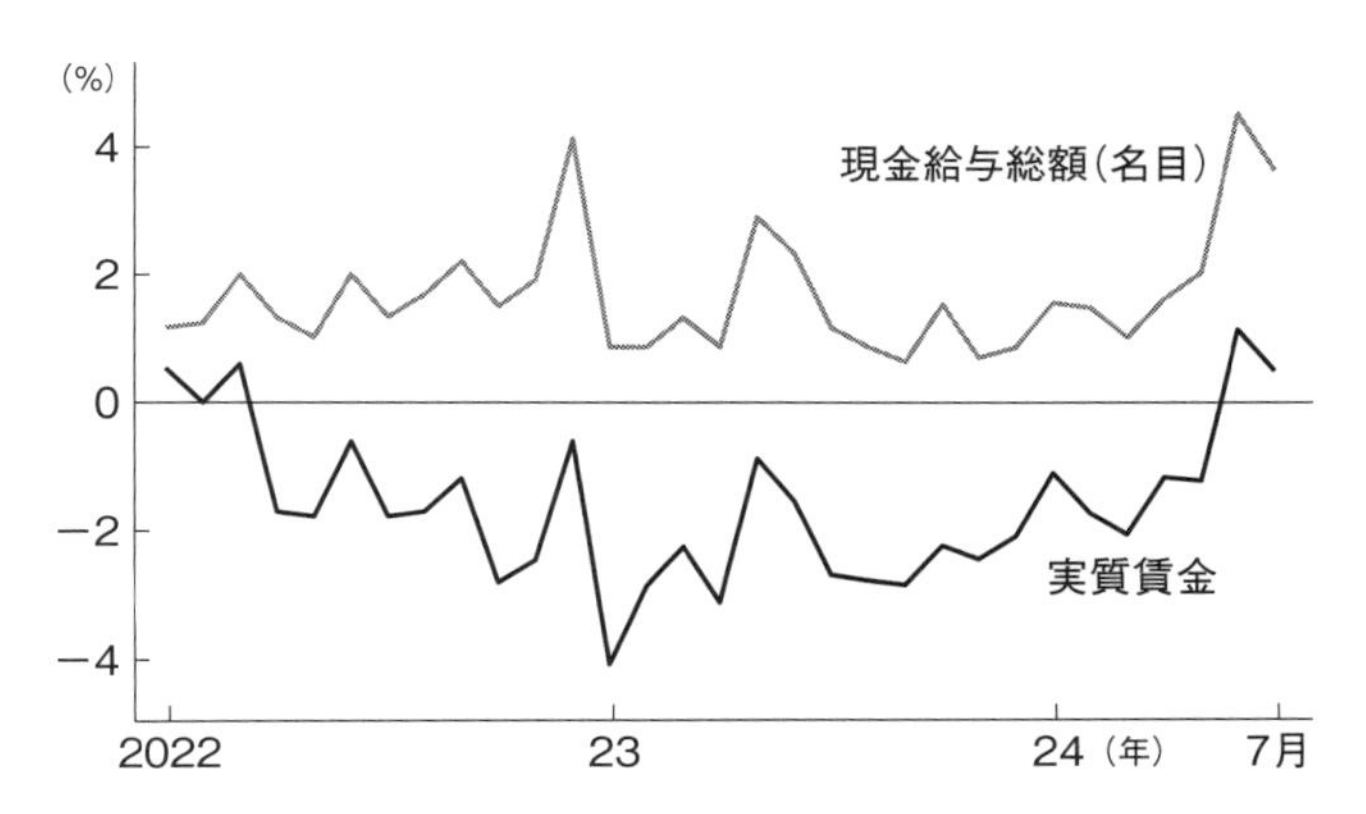

出所：厚生労働省「毎月勤労統計調査」。前年同月比の増減率、2024年は速報値

する物価予測もＰＣＥを使っています。

ただ、こうした物価指数はいずれも「近い過去」のデータです。日本のように長く物価が上がらない状態が続いた経済では、消費者や企業が物価の先行きをどうみているかの「未来」のデータが必要になります。

この点、日銀が注視するデータが短観にある企業の物価見通しとやはり四半期に1度実施している「生活意識に関するアンケート調査」の消費者の物価見通しです。短観の物価見通しは企業に1年、3年、5年後に販売価格が現在より何％上昇しているかを聞いています。生活者の意識調査は1年後と5年後について「かなり上がる」「少し上がる」「ほとんど変わらない」「少し下がる」「かなり下がる」の5択で答えてもらい、「かなり上がる」「少し上がる」という回答の比率に注目しています。

この調査の推移をみると、2023年12月時点から2024年6月時点まで物価上昇を見込む人の比率が徐々に高まる傾向が見て取れます。「物価が上がらない」というノルム（社会規範）にとらわれてきた日本経済に変化が出てきたことがここでも裏付けられます。

今後の日本の国内物価をみる時に注意すべきは、政府の補助金の影響です。先に述べましたが、ガソリン補助金が物価上昇率を低く抑えてきており、ほかにも電気・ガス料金の補助金や旅行補助金の導入と終了などで数字が上下してきました。円相場が円高に振れて、たとえば1ドル＝140円台の輸入物価に下落傾向が出てきても、ガソリン補助金をいきなり廃止すれば物価は一時的に押し上げられます。

政府統計より早い指標も

こうした1カ月強のラグを伴う1次統計より早く個人消費の動きを把握する方法はないのでしょうか。それが「オルタナティブ・データ」です。政府統計とは違った手法で集めたデータを解析する手法で、代表的なものがクレジットカードの購入履歴やPOSデータを活用して消費現場の動きをマクロ的に把握するやり方です。

「JCB消費NOW」はJCBカードの利用履歴をガソリンスタンドや宿泊施設など業

態別にまとめ、2週間後に速報することで、コロナ禍の緊急事態宣言などで変動の激しかった消費の動きを速やかに把握する手段を提供しています。経済分析にあたる官公庁だけでなく、マーケティングに活用する企業も増えているようです。

米国では雇用統計の発表の前に、民間調査会社によるADP雇用統計が発表されています。労働省が発表する統計にも、雇用統計以外に新規失業保険の申請件数や採用側企業の動向を調べるJOLTS（求人労働異動調査）があります。日本でもフロッグ社が「HRog賃金Now」というオルタナティブ・データを、JCB消費NOWを提供しているナウキャスト社との協業で公表を始めました。ハローワーク（公共職業安定所）のデータだけでは把握しづらい民間の求人広告データをもとに、人材募集の賃金の動向などを分析しています。こうした多様な経済データが経済を見る複眼的な目を養い、より早く、より正確な政策決定につながることが期待されます。

政府は毎月、月例経済報告関係閣僚会議を開き、景気情勢などについての判断を公表しています。ここには日銀総裁も出席し、内外経済の動向について政府と日銀がそれぞれ資料を提出します。最新の経済データ全体を見たいという場合は、内閣府のホームページでこの資料にあたることをおすすめします。

この月例経済報告関係閣僚会議にも提出されるのが内閣府の景気ウォッチャー調査です。街角の景気実感を探る目的で2000年から始まり、経済企画庁（内閣府の前身）の堺屋太一長官が作成を指示し、景気実態を早く把握することが目的でした。調査の対象地域を拡大し、景気判断のDIも公表し、タクシー運転手やスナック経営者らの景況感も取り上げている点がユニークです。

同様の調査としては日銀が四半期に1度、支店長会議の際に発表している地域経済報告（さくらレポート）があります。地元企業へのヒアリングを通じて、受注動向や設備投資計画などを地域・業種を特定して掲載しています。これらの調査はデータだけでは無味乾燥になりがちな景気動向について、働く人たちや買い物をする人たちの姿を想起させてくれる効用があります。

私が経済企画庁を担当していた1980年代後半には著名な官庁エコノミストが何人かいらっしゃいました。記者としてよく取材したのは経済研究所長から景気対策などをまとめる調整局長に転じた吉冨勝さんでした。小事に惑わされない大局観と、先の先を読む力は抜群だったと思います。

1987年頃、円高で産業空洞化の懸念が高まった折に見通しを聞くと「大丈夫。工場が海外に出ても部品や製造機械は日本から輸出するから」と意に介しませんでした。98年刊の『日本経済の真実』（東洋経済新報社）では米国の情報技術革命に触れ、「より高い専門性と高い創造力を持った従業員の登用が重要になる」と指摘し、硬直的な日本の企業組織のあり方にいち早く警鐘を鳴らしていました。

省庁再編で経済企画庁が内閣府に吸収され、官庁エコノミストの居場所が狭くなったのか、最近はその声をあまり聞きません。日銀は引き続きエコノミストを養成していますが、民間金融機関もコストカットが進んで個性的なエコノミストが少なくなったと思うのは私だけでしょうか。

経済回復への課題

労働生産性の向上が急務

ここまで景気循環や景気指標の読み方を説明してきました。次に、もっと中長期的な「失われた30年」の原因と、その出口に差しかかっている日本経済の課題を考えてみましょう。コロナ禍後の日本経済の弱点を景気、経済指標の国際比較から検証します。

労働供給にボトルネック

非常に力強い米国経済の回復と、緩やかな回復にとどまる日本経済の対照が際立っていますが、それは労働市場の違いに一因があります。

ＩＭＦ（国際通貨基金）によると、米国の雇用者数はコロナ禍後に急回復し、２０２３年には２０１９年より３５０万人多い１億６１００万人に達しました。この間の日本の雇用増はわずか23万人。新型コロナウイルス流行初期の2020年4月に1カ月で1000万人を上回る失業者を出した米国でしたが、それは解雇がしやすく、労働市場の流動性が高いためです。回復期には同じ理由で急ピッチの雇用回復が実現したわけです。財政・金融政策による高圧経済が米国では雇用増や賃上げを促してインフレ懸念をもたらした一方、**日本は労働市場が硬直的なうえ、労働供給にボトルネックがあるために雇用増につながりにくいのです。**

米国はバイデン政権の初期に多数の移民が流入し、それが雇用増の主役になっているとの見方もあります。いずれにしろ、米国の雇用の増加は堅調な個人消費を下支えし、FRBによる高金利政策の長期化につながりました。一方、日本の景気回復の鈍い動きは日銀の利上げピッチを緩やかなものとし、経済のファンダメンタルズ（基礎的条件）としての円安傾向を演出してきました。

もう1つ、日本経済が直面しているのが生産性の伸びの低さです。日本生産性本部の調べによると、2022年の日本の時間当たり生産性は経済協力開発機構（OECD）加盟38カ国中30位にとどまります。データの取得可能な1970年以降、最も低い水準

日米の年間雇用者数の推移

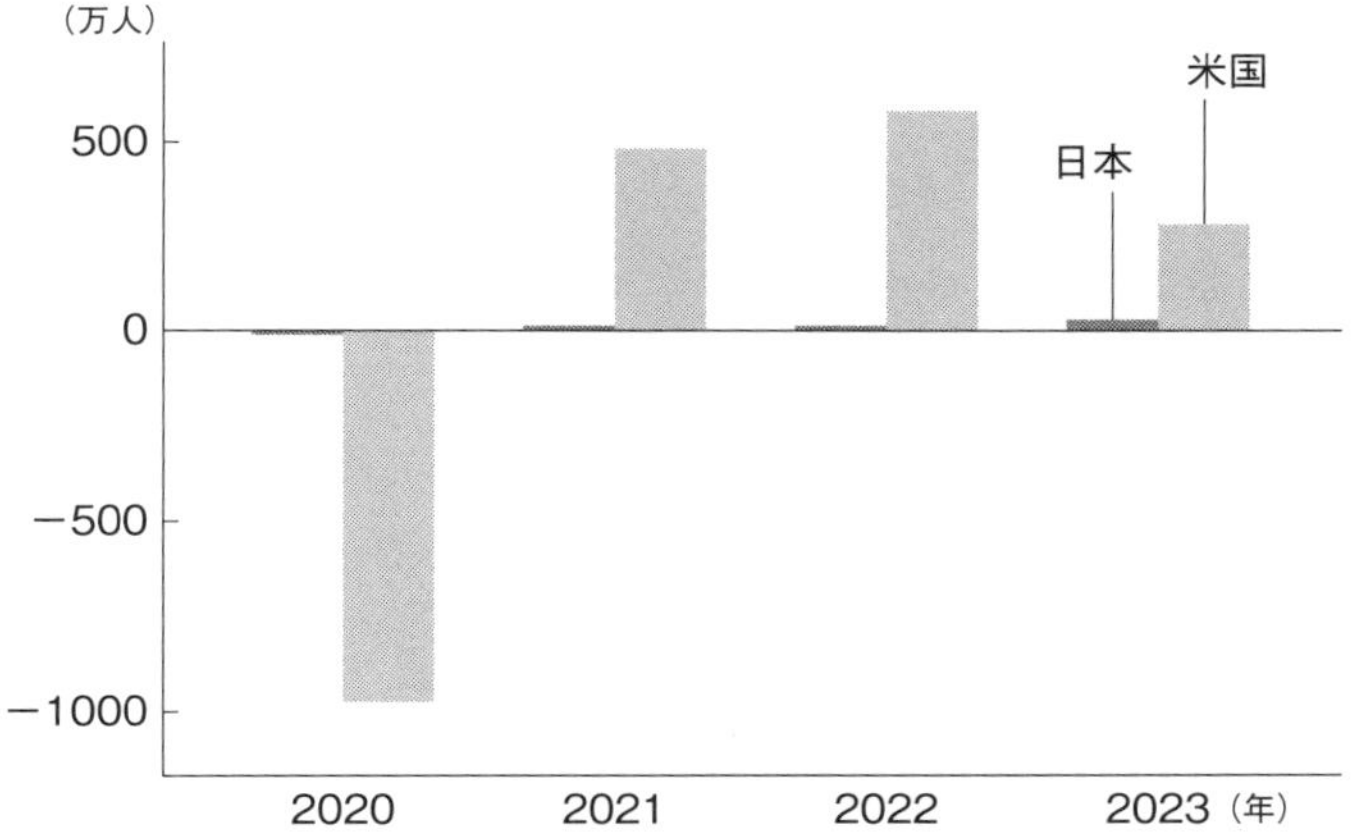

出所：IMF「世界経済見通し」2024年4月のデータベースより

です。生産性が高いといわれてきた製造業でみても18位です。２０００年にＯＥＣＤ加盟国でトップだった面影はもうありません。労働生産性は労働者の単位時間当たりの付加価値額や生産額で測ることができます。なぜこれほどまでに低迷が続いているのでしょうか。

ここでは２つ原因を挙げておきます。１つは人的投資の低迷です。

「人は城、人は石垣、人は堀」というのは戦国武将の武田信玄の言葉といわれていますが、１９８０年代の日本企業はこの信玄の言葉通り、若手社員を留学させるなど人的投資を強化していました。しかし、90年代にバブル経済が崩壊すると、**コストを重視する姿勢に転換し、正社員を増やさずにルーティンワークを派遣社員など非正規社員に割り当てました。**派遣社員はいずれ会社を去る人材ですから、社員教育の対象にはなりませんし、正社員への教育投資も縮減しました。

２つ目はＩＴ投資を含む設備投資の低迷です。

G7各国の労働生産性の順位

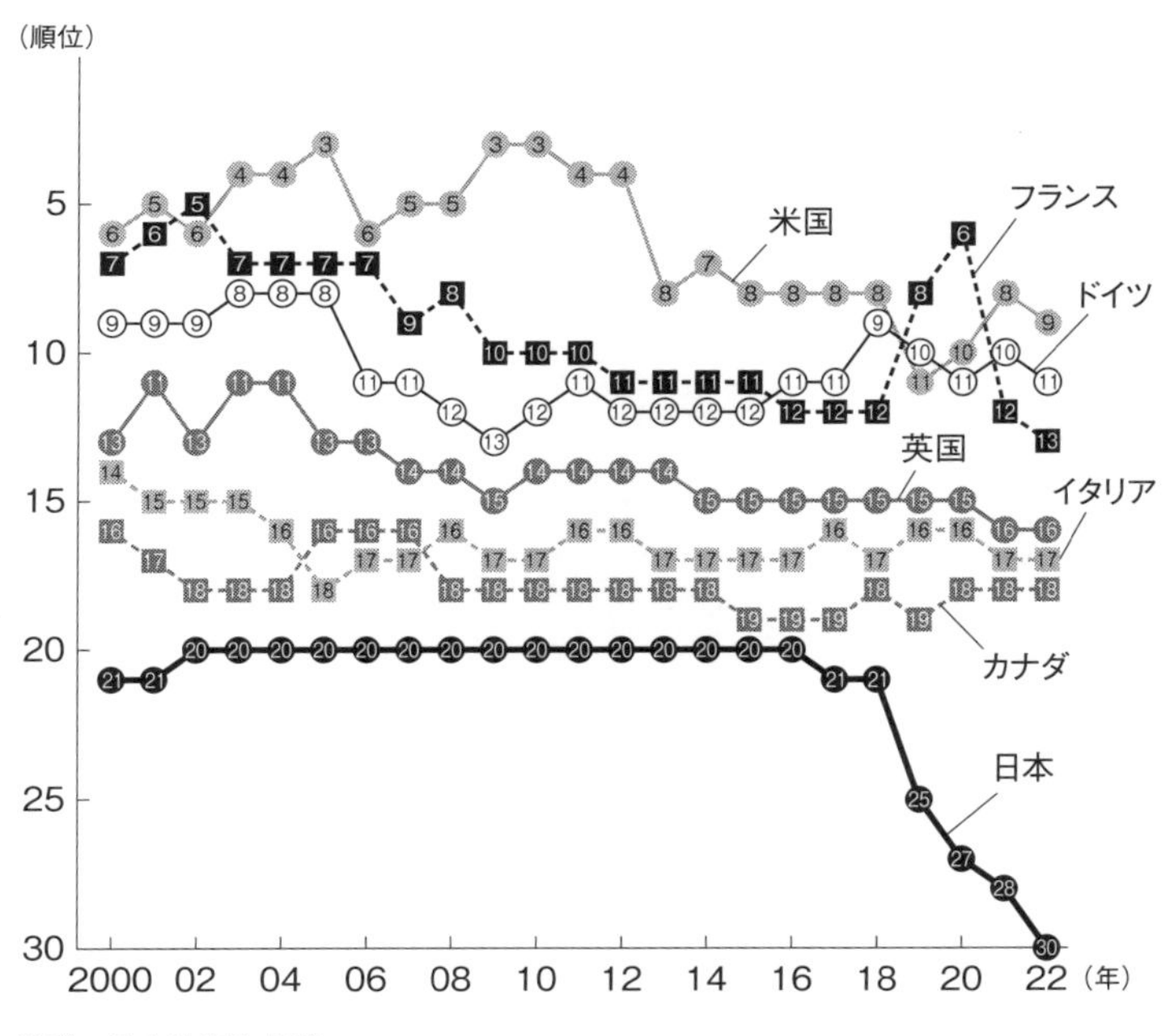

出所：日本生産性本部

たとえば、工場に10人が働くラインがあったとしましょう。そこに自動化ロボットを導入し、5人で作業ができるようになると、生産性は倍になります。ただ、そのラインで必要がなくなった5人には別の仕事をしてもらわなければなりません。米国の企業なら解雇できるかもしれませんが、日本企業の多くは配置転換で別の部署で働いてもらうことを考えます。

1990年代から2000年代にかけて製造業は海外進出を進め、国内工場への投資に消極的になりました。2010年代には中国の工場の自動化、無人化が進み、日本勢の立ち遅れが目立つようになったのです。もし、終身雇用がなければ国内工場の最新化も進んだのでしょうが、配置転換先が見つからない場合は利益率が低くても工場をそのまま維持して雇用を守る道を選んだということです。

配当額が設備投資を逆転

実際に国内設備投資は低迷が続いていました。大企業の設備投資額は1993年度にほぼ25兆円規模にのぼっていたのですが、2000年代になると20兆円を割り込み、最

大企業の設備投資と配当

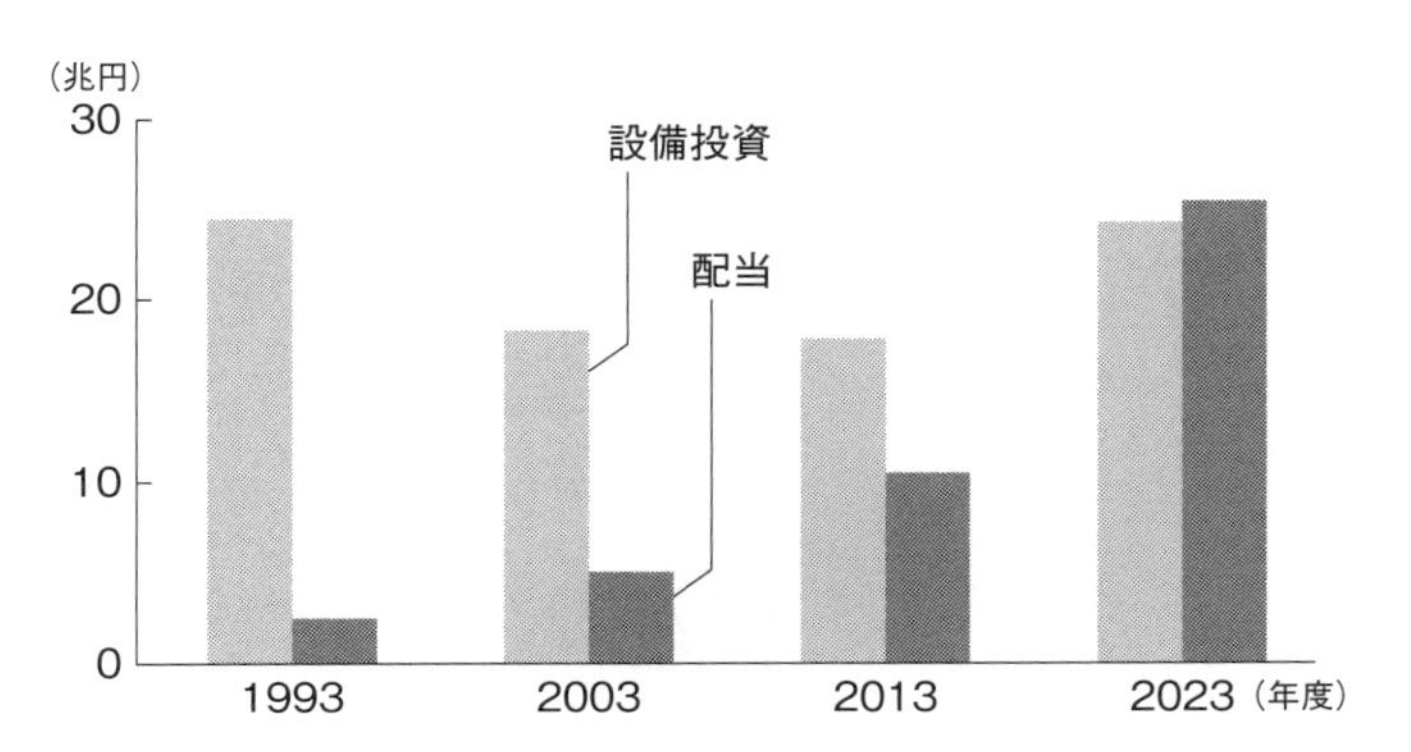

出所：法人企業統計調査

近になってようやく30年前の規模に追いつこうとしている状況です。一方、第1章で指摘したように企業経営が株主重視にシフトしたことから、配当による株主還元の動きが強まり、2022年度には配当額が設備投資を逆転しました。もちろん、株主還元も重要ですが、中長期的に企業が成長を続けるには投資が不可欠であることは言うまでもありません。

「失われた30年」は生産性の低迷によってもたらされ、その向上には潜在成長率の引き上げや継続的な賃上げが重要なポイントになります。この問題は、次章でも企業経営を転換する道筋として触れたいと思います。

この本を読もう！①

「日本経済新聞は難しい」という声をよく聞きます。この本はできるだけわかりやすく書いたつもりですが、**『お父さんが教える13歳からの金融入門』（デヴィッド・ビアンキ著、関美和訳、日本経済新聞出版）**には及ばないかもしれません。著者は米タフツ大学で経済学位を取った後、法科大学院で修士を取得した現役弁護士です。タイトル通りに語り口は平易でイラストもわかりやすく、本書1、2章の市場や景気に関わる項目について主に資産形成の視点から説明しています。

日本でいえばプロ向けの株式オプション取引を巡るコール（買う権利）とプット（売る権利）の仕組みにも話は及んでおり、初心者向けとも言い切れません。株式投資や、おカネ周りのトラブルを防ぐ知識を提供してくれます。米投資銀行でキャリアを積んだ翻訳者の知見もあり、訳はこなれています。

本の後半には「引退に備える」項目があり、「もし引退したければ引退できるだけの余裕を持つことが大切」と指摘、「いまの若い人は、引退した時は社会保障のおカネをアテにできな

『お父さんが教える13歳からの金融入門』
デヴィッド・ビアンキ著、関美和訳、日本経済新聞出版

いかもしれない」と日本でもよくいわれている話を持ち出しているところは、万国共通の悩みと納得します。

もう1冊、外国為替市場と38年付き合った著者による**『マーケットをリードするロジックを探す 生き残るためのＦＸ戦略書』（ハリー武内著、小林芳彦監修、パンローリング）**を紹介します。総合商社の為替トレーディングで培った経験を基に、市場を突き動かす、時々の「ロジック」を丁寧に説明しています。１章で解説した「日米金利差」は最近の円安の最有力のロジックですが、局面が変われば新たなロジックが出てきます。

市場が大きく動く時は「損切りが大きな原動力」という指摘は、２０２４年8月の円相場の反転でもみられた動きでした。その一方で、ベースとして為替の需給に大きな影響を与える経常収支の動きを丹念にフォローする重要性も説いています。チャートの活用法などはＦＸ（外国為替証拠金）取引をしている人向きかもしれませんが、「損は小さく、利益は大きく」「取れる相場でしっかり稼ぐ」「アゲンストの時間はもったいない」は投資に共通する格言といえるでしょう。

『マーケットをリードするロジックを探す 生き残るためのFX戦略書』
ハリー武内著、小林芳彦監修、パンローリング

第3章

金融政策を読む

第1章では金利や株価など市場に関わる項目を説明し、第2章では景気の読み方を解説しました。そこで何度も登場したのが、金融政策です。インフレやデフレを防ぐ利上げや利下げは市場に大きな影響を及ぼします。この章では金融政策とそれを司る日本銀行や米連邦準備理事会（FRB）、欧州中央銀行（ECB）などの役割について解説します。

日本 「窓が閉まる前」の利上げの行方は

中央銀行は人為的に市場を動かす唯一無二の存在であり、その政策手段が多様化しても、インフレを防ぎ、経済を安定的に成長させる目的は変わっていません。まず、日本の中央銀行である日本銀行を例に、金融政策のおさらいから始めましょう。

日銀は市中の銀行にお金を貸し、銀行は企業に運転資金や設備投資の資金を、個人には住宅ローンなどを貸し出し、経済を回しています。このお金の流れの大本の、**日銀が誘導する銀行間で取引される翌日物金利の水準が政策金利と呼ばれます。**最近では、銀行にお金を貸すだけでなく、銀行が保有する国債を買い取って資金を供給することも日銀など中央銀行の役割になりました。量的緩和政策です。異次元緩和で日銀が買い続けた国債は発行額の半分を占めるまでになっています。

日銀が政策金利を下げて銀行に潤沢にお金を供給すれば、銀行は貸し出しに積極的になり、経済活動が活発になります。逆に銀行に貸し出す金利を引き上げれば、銀行の住宅ローン金利も上がり、企業向け融資の金利も上昇します。これが利下げと利上げです。水にたとえれば、水源地のダムにたまった水を放流し、川下に水が行きわたるようにするのが利下げ、流れをせき止めて川下の水量を減らすのが利上げと考えてもらえばわかりやすいでしょう。

私が30代に現場の記者として一番取材したのが日銀であり、米国の駐在記者としてフォローしたのが米連邦準備理事会（FRB）でした。ここから先、これらの中央銀行の役割について詳しく解説していきますが、文中、かつての経験談で脱線することもご容赦ください。経験談にも少しは今日的な意味があると思うからです。

高い独立性と重い責任

最初に中央銀行がどんな組織かというところから解説しましょう。政府から独立していますが、日銀の総裁、副総裁らは政府が人事案をまとめ、国会の同意を得て任命します。米国でもＦＲＢの議長や副議長、理事は大統領が任命し、議会上院の承認手続きを必要としています。

一国の経済に大きな影響を与える存在なのに、人事手続き以外に政府や議会が金融政策の決定に圧力をかける具体的な手段はありません。２０２４年夏には、トランプ前米大統領が「ＦＲＢが利下げを急ぐとバイデン政権に追い風になる」として早期利下げをけん制しました。東西を問わずタブーを恐れぬ政治家たちは中央銀行に口先介入しますが、先進国では「独立性」が尊重されており、多くの場合は無視することが許されています。それだけに日銀総裁やＦＲＢ議長らトップの責任は重く、様々に批判される存在といえます。

日銀の植田和男総裁は、黒田東彦前総裁が２０１３年に始めた異次元の金融緩和に幕を引き、２０２４年3月にマイナス金利を解除し、7月には政策金利を０・25％に引き上げました。マイナスからほぼゼロへ、そして15年7カ月ぶりに明確な「プラス金利の世界」に戻ったわけですが、問題はその後です。日銀はどこまで政策金利を引き上げることができるか、逆に再び金融緩和に追い込まれることはないのか占ってみましょう。

日本の政策金利の推移

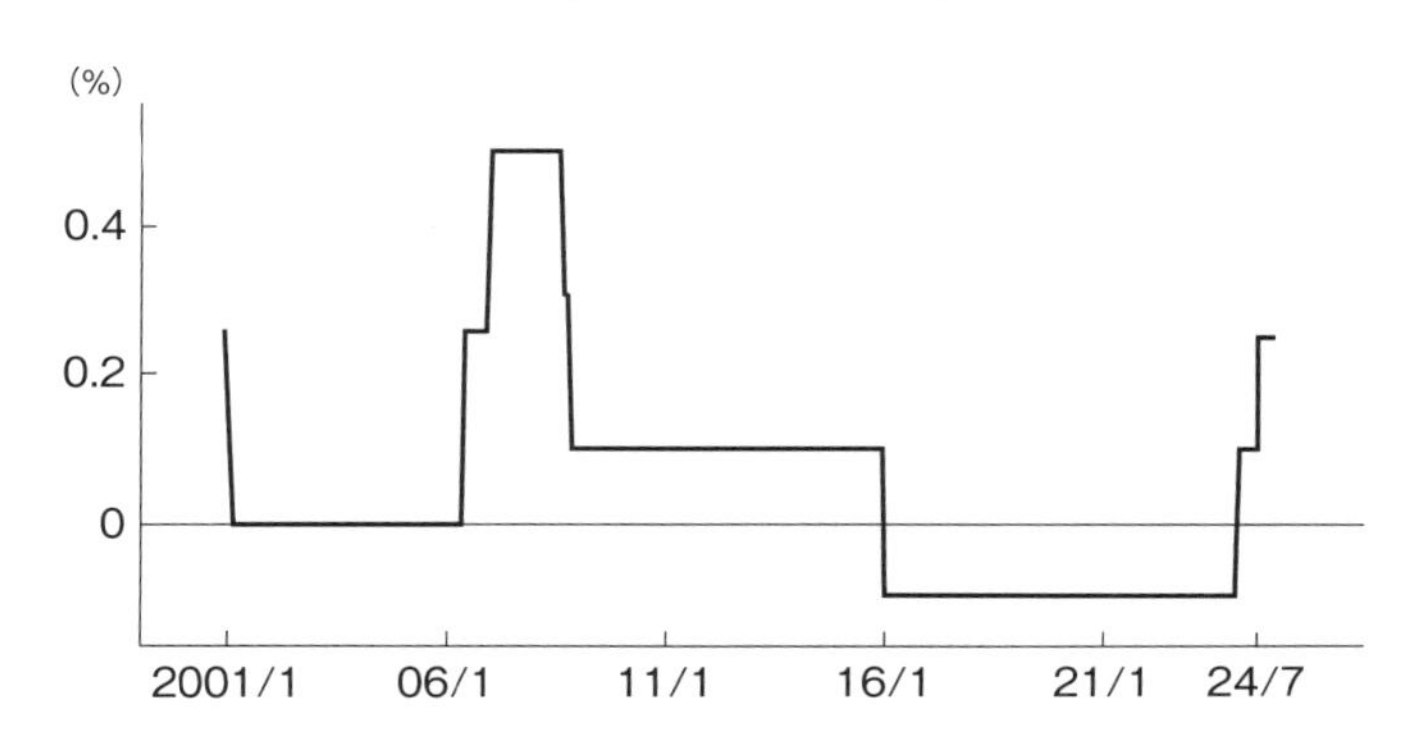

出所：日本銀行。政策金利は無担保コール翌日物または日銀当座預金（一部）への付利の水準

日本の利上げはいつも最後尾

まず過去の経験則を押さえましょう。今回もそうですが、米国経済や円相場の行方が金融政策を左右するからです。

日銀の政策決定に議決権を持つ審議委員の１人、高田創さんはもともと日本興業銀行（現・みずほ銀行）のエコノミストで、多くのリポートを書いていました。傑作の１つが、過去の日米欧の利上げでいつも日本が最後になるというジンクスの検証でした。それによると最初は１９７０年代前半です。ドイツ連邦銀行（ブンデスバンク）が72年10月に利上げして、ＦＲＢが73年1月に続きました。日本の利上げは73年４月でしたが、その後は第1次石油危機の後遺症で世界的な不況に突入しました。

次は１９７０年代後半でＦＲＢが77年8月に利上げに踏み切り、ドイツが79年3月、日本は79年４月でした。80年以降、世界景気は減速します。3回目の利上げリレーも87年9月にＦＲＢが先行、翌年ドイツが88年7月に続きましたが、日銀の利上げは89年5月と出遅れました。

4回目も1999年8月のFRBの利上げに始まり、欧州中央銀行（ECB）は同年11月に追随します。日銀は当時の速水優総裁が利上げに前のめりになったのですが、ゼロ金利解除に踏み切ったのは2000年8月でした。すでに米ナスダックの株価が下落に転じており、翌年にはITバブルが崩壊し、日銀はゼロ金利に後戻りし、量的金融緩和に追い込まれたのです。このゼロ金利解除に審議委員として反対票を投じたのが植田氏でした。

植田氏が学者として初めて日銀総裁に内定したのは、岸田文雄政権下の2023年2月です。余談ではありますが、植田総裁人事をフォローした記者としていえるのは、官邸が真っ先に考えたのは「安倍派が反対しない人物探し」だったということです。

安倍晋三元首相は2022年7月に凶弾に倒れますが、その後も党内第4派閥の岸田派は安倍派の支持を必要としていました。黒田前総裁の異次元緩和はアベノミクスの重要な成果とされており、それを否定する人材の登用はあり得ませんでした。植田氏には速水総裁時代に利上げの判断に反対票を投じた「実績」があり、その後の日銀の大胆な金融緩和の理論的支柱ともいえる「時間軸政策」（中長期にわたり、金融緩和にコミットして政策効果を高めること）を提唱した、格好の人材だったのです。

話を戻します。5回目は福井俊彦総裁による2006年7月の利上げでしたが、FRBは2004年6月の利上げで先行し、ECBも2005年12月に追随していました。福井日銀は2回の利上げで政策金利を0・5％まで引き上げましたが、その後の白川方明総裁はリーマンショックに直面し、利上げの機会を失いました。

そして、6回目が植田総裁による2024年のマイナス金利解除と0・25％への利上げです。コロナ危機から脱した米国はFRBが2022年3月に利上げに転じ、0・75％の4回の大幅利上げを含む8回の利上げでインフレ退治に臨みました。ECBも2022年7月に0・5％の利上げに踏み切っていました。日銀はどこまでいっても最後尾なのです。

金融引き締めは円高に直結

なぜ日米欧の金融引き締めの順番でいつも日本が最後尾になるのでしょうか。要因の1つとして、1970年代以降、先進国経済で金融・資本市場と貿易の連動性が高まり、日本経済が一国の景気循環よりも外的要因の影響を大きく受けるようになったことが挙げられます。

その連動の伝搬役が変動相場に移行した為替レートです。1985年9月のドル高是正のプラザ合意は急激な円高をもたらし、米政府は経常黒字をため込む日本に内需拡大を執拗に求めました。87年10月のブラックマンデーでニューヨーク株が暴落し、「市場の不安心理が世界的に高まっている時に債権大国が利上げをしていいのか」という議論が高まり、日銀による利上げ開始が遅れる要因になりました。

市場の連動性の高まりは、わかりやすくいえば日銀の金融引き締めは円高をもたらしやすく、その影響がいつもつきまとうということです。植田総裁が2024年7月に0・25%の利上げに踏み切り、追加利上げにも積極的な姿勢を示したことで8月初めには円相場が急騰し、株価が急落、企業業績への悪影響を懸念する声が出ました。その経緯は1章で解説した通りですが、日本経済が依然として「円高＝株安」の足かせにとらわれていることを示しています。

米欧が利上げをして日銀が後に続けるかどうかについて、私のよく知る日銀ＯＢは「ゆっくりしていると『窓が閉まる』」と表現します。米国経済が利上げによって減速し、景気後退に陥るようだと日本の国内景気にも悪化懸念が広がり、円高につながる利上げはタイミングを失うというのです。窓が閉まらないかどうかは日銀の金融政策を占う大きなポイントといえます。

「ターミナルレート」はどこか

日銀の金融政策を占う2つ目の留意点は日本経済固有の問題です。過去30年にわたって潜在成長率が低下してきたため、景気が回復しても天井が抑えられるということです。

潜在成長率は資本投入量や労働投入量、全要素生産性の動きを踏まえて、中期的にどのくらいの経済成長ができるかを試算したものです。日銀と内閣府が定期的にそれぞれ発表していますが、１９８０～90年代に３～４％台だったのが、２０１０年代には０～１％台に低下しています。この点は２章でも触れましたが、最も大きな要因は人口減少によって労働投入量が増えなくなったことです。米国はコロナ禍の後、移民流入が活発になって予想外に雇用が増え、潜在成長率も上がりましたが、日本は２０１０年代に高齢者と女性の労働参加が高まったものの、長くは続かず、米国と違う限界に直面しています。

潜在成長率は日本経済にとって、政策金利をどの程度の水準まで持っていけるかに関わります。２０２４年３月からの利上げ局面の到達点、米国では「ターミナルレート」といいますが、それが日本の場合、０・５％なのか、１％程度の水準までいくのかが目安になります。

実際に２０００年以降の利上げ局面に実現したターミナルレートは２００６年から２００７年にかけて０・25％ずつ、０・５％まで引き上げたのが最も高い水準です。２０２４年９月にはＦＲＢが利下げに転換しましたが、そのペースは緩やかになりそうです。日銀の追加利上げは胸突き八丁に差しかかっていますが、田村直樹審議委員は「2026年度後半までに少なくとも1％程度まで引き上げておくこと」が適切と話しています。市場関係者にも1％がターミナルレートという見方が多いようです。

3つ目のポイントは、2023年から政府と日銀が声高に強調し始めた「賃金と物価の好循環」が実現するかどうかです。

そもそも日本銀行法は「日本銀行は、通貨及び金融の調節を行うにあたっては、物価の安定を図ることを通じて国民経済の健全な発展に資することをもって、その理念とする」（第2条）と規定しています。そこに雇用や賃金という言葉はありません。米国では連邦準備法がFRBについて「物価安定」と「雇用の最大化」という2つの使命を掲げており、日銀と大きな違いがあります。

しかし、植田総裁が2023年4月に就任して以降、日銀は賃金が基調的に上昇するかどうかを注視し、2023年、2024年の春季労使交渉（春闘）の動向を見極めてから利上げに転じました。景気と物価をバランスよくとらえるという点ではFRBの立ち位置に近づくことは悪いことではありません。ただ、「賃金と物価の好循環」という言葉は曲者です。

私が駆け出しの記者として景気の記事を書いていた頃は、「設備投資と個人消費の好循環」という言葉をよく聞きました。設備投資が増えれば、自動車や家電が量産効果で安くなり、工場建設などで雇用も増える。それが個人消費を刺激し、さらなる投資を呼び込むというものです。

「物価と賃金の好循環」の死角

これに対して、いまの好循環は「物価が上がる→賃金も上がる→人件費増を製品やサービスの値上げに反映してさらに物価が上がる」というものです。ただ、この循環には抜けているピースがあります。「生産性の向上」です。賃上げ率が物価上昇率を上回らないと家計の実質的な手取りはむしろマイナスです。企業は生産性の向上で業績を高めないと、雇用コストの増加に耐え切れず、賃上げの継続が不可能になるのです。

日銀は円安や資源高などによる物価上昇を「第1の力」、賃上げを踏まえたサービス価格などの上昇を「第2の力」と呼び、そのリレーが重要だと説いています。2025年以降も高い賃上げ率を維持できれば、第1の力がなくなっても2%程度の物価上昇の実現は可能かもしれません。しかし、円高や資源安で第1の力が反転して物価に下押し圧力がかかる場合は、第2の力も弱まることを警戒しないといけません。

海外経済が堅調で「利上げの窓」が閉まらないこと、国内の潜在成長率が高まること、賃上げが継続すること。この3つが利上げを続ける条件です。もし、逆に金融緩和に踏み切るような事態はどういう時でしょうか。身構えるべきは、2001年のITバブルの崩壊や2008年のリーマンショック、2020年のコロナ禍のような大きなショックに日本経済が直面した時です。過去を振り返ればおおむね10年に1度は金融危機が発生しています。再びそうなれば急激な円高が進行する恐れがあります。

市場との「上手な対話」とは

日銀担当の記者だった1980年代末から90年代前半の話です。当時はまだ金利自由化の途上で、政策金利も「公定歩合」でした。日銀は都市銀行などの四半期ごとの貸し出し増加額を決める「窓口指導」を実施していました。

金融政策の取材では何度も苦杯をなめましたが、日銀の取材はもちろん、大蔵省の取材が大切だったことを覚えています。公定歩合変更後の郵便貯金の金利を調整する必要もあって、日銀が大蔵省と水面下の調整をしており、蔵相には事前に根回しをしておくのが通例だったのです。１９８９年12月には当時の橋本龍太郎蔵相が根回し不足で「聞いてない」と、日銀の利上げに待ったをかけ、週明けに決定が遅れたこともありました。そんなことは最近はないですが、日銀の重要な決定の前には、いまでも首相官邸にこっそり根回しが行われているようです。

ただ、時代は政策の透明性を高める方向に変わっています。日銀は四半期に1度、「経済・物価情勢の展望」（展望レポート）を公表し、審議委員による物価や景気見通しを明らかにしています。日銀総裁も政策決定会合後に必ず記者会見を行い、その模様は日本経済新聞の電子版でライブ中継されています。

日銀の次の一手を読むには総裁会見のほか、副総裁や審議委員の様々な情報発信を注意深くウオッチする必要があります。報道では日銀の「市場との対話」の巧拙が取り上げられることがよくあります。体感的な表現になりますが、政策変更は事前に8割方の市場参加者がそれを予想している状態がショックの少ない「上手な対話」といえると思います。

2 米国 繰り返す金融危機はいつ起きるか

米国の金融政策はFRBの連邦公開市場委員会（FOMC）で決まります。年8回の日程は事前に公表されています。ちなみに日銀の政策決定会合も、欧州中央銀行（ECB）の理事会も年8回で、3つの中央銀行は近接してスケジュールを設定しています。2024年の場合、いずれも1月、3月、4月ないし5月、6月、7月、9月、10月ないし11月、12月に開かれます。世界の金融・資本市場の連動性が高まっているため、市場の混乱などに協調して対処しやすくなるという配慮があるのでしょう。もちろん、こうした定例会合を待たずに緊急で政策対応が必要な場合には、臨時会合を開くこともあります。

プロが注目する予測ツール

まず、ＦＲＢの金融政策のテクニカルな読み方を紹介しましょう。市場関係者が今後の政策金利をどう予測しているかはシカゴ・マーカンタイル取引所（ＣＭＥ）の「FedWatch ツール」で、雇用統計など重要な経済データが発表されるたびに更新されています。ＦＯＭＣの日程をクリックすると、その時の政策金利の予想の分布が示されています。ちなみに、なぜＦｅｄというかといえばＦＲＢの略称です。私がワールドビジネスサテライトの生放送で、重要なデータが発表された後に市場の見方を紹介する時には、このサイトで金利予想の変化を確認しています。

ＦＲＢはコロナ禍が終わった後、２０２２年3月に最初の利上げをしてから8回の利上げによって政策金利（上限）を５・５％まで引き上げ、２０２４年9月にようやく０・５％の利下げに転じ、金融引き締めを転換しましたが、この間、市場の金融政策についての予想は目まぐるしく変わりました。

では、市場関係者はどのように金融政策を予想しているのでしょうか。ベースとなる

FRBの政策金利の推移

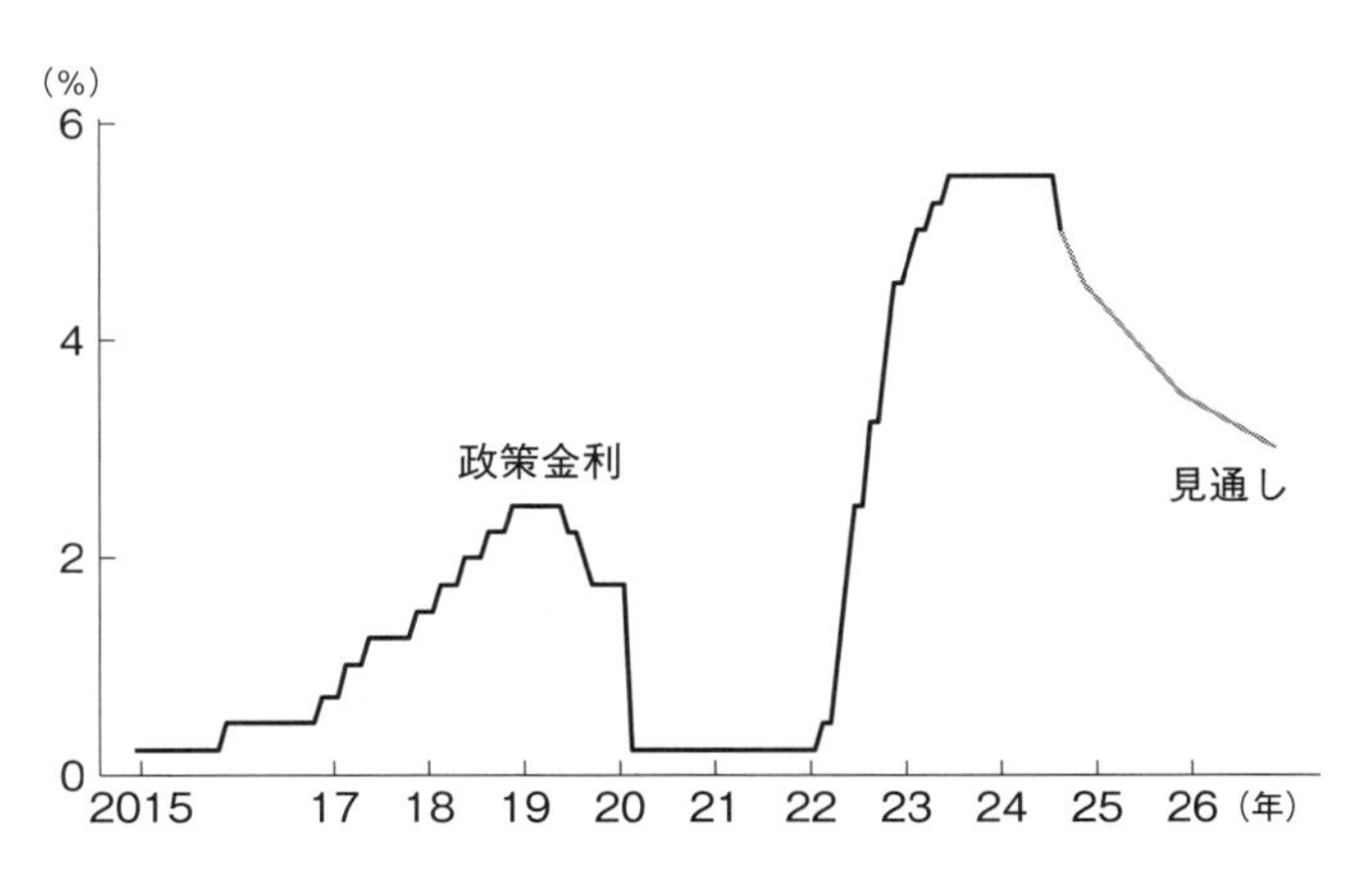

出所：米連邦準備理事会（FRB）。政策金利は誘導目標の上限、見通しはFOMCの参加者の予測の中央値

のが、FOMCが四半期ごとに発表している「ドット・チャート」です。19人のFOMCの参加メンバー（金融政策決定の投票権は12人）が今後の政策金利（フェデラルファンド＝FF金利）の将来予想を点（ドット）として図で示しています。前提となるGDPや物価の推移の予想も併せて提示されており、これが中長期の政策金利の見通しの前提となっています。

ちなみに、日本の場合はFedWatchツールのような便利なものはありません。日銀が四半期ごとに出す展望レポートにドット・チャートもありません。FedWatchツールがはじき出す政策金利の予想は債券市場関係者の期待が入り込むため、変動が激しすぎて役に立たないという意見や、ドット・チャートについてもFRBはインフレ圧力を読み違えたといった批判が出ています。ただ、世界経済のアンカー（錨）ともいえる米国の政策金利の予想が誰にでもアクセス可能であることは、FRBの「市場との対話」の成熟度合いを示しているといえるでしょう。

私がワシントン支局で取材をした1995～98年にはFOMC後のFRB議長の記者会見もなく、グリーンスパン議長の肉声が聞けるのは完全雇用均衡成長法（ハンフリー・ホーキンス法）に基づく半年に1回の議会証言くらいでした。現在のパウエル議長の前任議長で、バイデン政権の財務長官を務めるジャネット・イエレン氏がＦＲＢ理事だった頃です。

１９９０年代後半、イエレン理事のアポイントメントが入ったことがあります。日本国内の金融危機で邦銀のドル調達が苦しかった問題に対処するため、日銀がＦＲＢとの間に入り、邦銀にドルを供給するスキームの話を聞きました。イエレン氏は小柄のチャーミングな女性で、もともとは経済学者ですが、とてもわかりやすい英語で答えてくれた記憶があります。

もう1つ印象に残っているのは、１９９６年12月5日、グリーンスパン議長が講演で過熱していた株式相場について「Irrational Exuberance」と疑問を投げかけたニュースでした。記事は翌日、日経新聞夕刊2面に、「ＦＲＢ議長米株高に戸惑う――『熱狂の根拠は』講演で自問」という見出しの囲み記事で掲載されました。

発言は「根拠のない熱狂で資産価格が急騰し、それが過去10年に日本で起きたような予想もしない長期不況につながると、どうしてわかるだろう」という内容でしたが、肝である「Irrational Exuberance」をどう訳すかが難物でした。辞書を引いて「根拠なき熱狂」という訳を思いついた時、これだと思った記憶があります。その後、この訳が定着したのは小さな自慢話です。

金融危機がもたらす激震

話がそれましたが、ここでグリーンスパン議長以降の、ジェットコースターのような米国の金融政策を振り返りましょう。それは何度も繰り返した金融危機の歴史でもあります。

最初に激震が走ったのは米国内ではなく、アジア諸国でした。1997年7月に始まったアジア通貨危機はタイ・バーツの暴落から始まりました。インドネシア・ルピア、マレーシア・リンギと次々に通貨安が進み、同年末には韓国・ウォンも暴落し、韓国は国際通貨基金（IMF）の監視下に入りました。この年の秋は日本国内でも不良債権問題を主因に山一証券や北海道拓殖銀行の破綻など金融危機が起こりました。

アジア通貨危機は、高成長を続けてきた東南アジア諸国連合（ASEAN）などの国々が、「世界の工場」へと台頭する中国との競争に直面するさなか、ドル連動通貨であるためにドル高で輸出競争力を失い、ヘッジファンドなどによる売り圧力に耐えられなくなったために起きました。現象としては、米国の金融引き締めによって、かつてはアジア各国に押し寄せていた短期のドル資金が米国の債券市場などに回帰したことが大きな要因となりました。

翌1998年にはロシア国債が債務不履行に陥り、これに関連して米国のヘッジファンド、LTCM（ロングターム・キャピタル・マネジメント）も経営危機に陥りました。FRBは危機の拡大を防ぐために、98年9月から3カ月連続での利下げを迫られたのです。

その3年後、2001年にはITバブルが崩壊しました。米国でドット・コム・バブルと呼ばれた株価の急騰は、インターネットの普及による「ニューエコノミーの到来」がキーワードになりました。このニューエコノミーについて、グリーンスパン議長は

1997年7月の議会証言で「100年に1度か2度の現象かもしれない」と指摘していました。IT投資などの技術革新が生産性を引き上げ、インフレなき景気拡大を促していると指摘したのです。しかし、2000年春以降、ナスダック指数は下落に向かい、翌年には多くのネット関連企業が経営破綻しました。

実体経済への波及は半年~1年後

21世紀になって最大の金融危機は、2008年9月のリーマン・ブラザーズの経営破綻に代表される世界金融危機です。FRBは2006年2月からバーナンキ議長に交代していましたが、住宅ブームを支えた信用度の低いサブプライムローンが証券化され、その値上がり益を狙った取引が拡大しました。元手の10倍、20倍もの信用取引でバブルが膨らんだのです。

リーマン・ブラザーズをはじめとする米投資銀行や保険会社などが経営危機に陥り、米財務省やFRBが生き残りのための合併などを促しました。世界不況のきっかけとなり、輸出需要の蒸発によって日本経済も大幅なマイナス成長に陥りました。

ＦＲＢは政策金利をゼロにするだけでなく、大胆な量的緩和政策（ＱＥ）に乗り出し、米国債や住宅ローン担保証券（ＭＢＳ）の大量購入に乗り出しました。米国景気はほどなく回復軌道に乗り、ＦＲＢ議長はバーナンキ氏からイエレン氏、その後パウエル氏に引き継がれましたが、２０２０年１月に始まったコロナ禍は再び世界経済を直撃しました。同年４月には米国の失業者が月間で１０００万人にのぼり、ＦＲＢは再びゼロ金利政策に戻り、ＱＥも復活させたのです。

その後、ロシアによるウクライナ侵攻によるエネルギー価格の高騰も加わってインフレが高進し、ＦＲＢは急ピッチの金融引き締めに乗り出します。通常０・25％ずつの利上げを０・75％ずつという「３倍速」にして、２０２２年３月に０％だった政策金利を２０２３年７月には５・５％まで引き上げました。

金融政策というと政策金利の水準に目が行きがちですが、その効果が金利水準と時間の関数であることには注意が必要です。

物価上昇率は日米が2023年夏に逆転

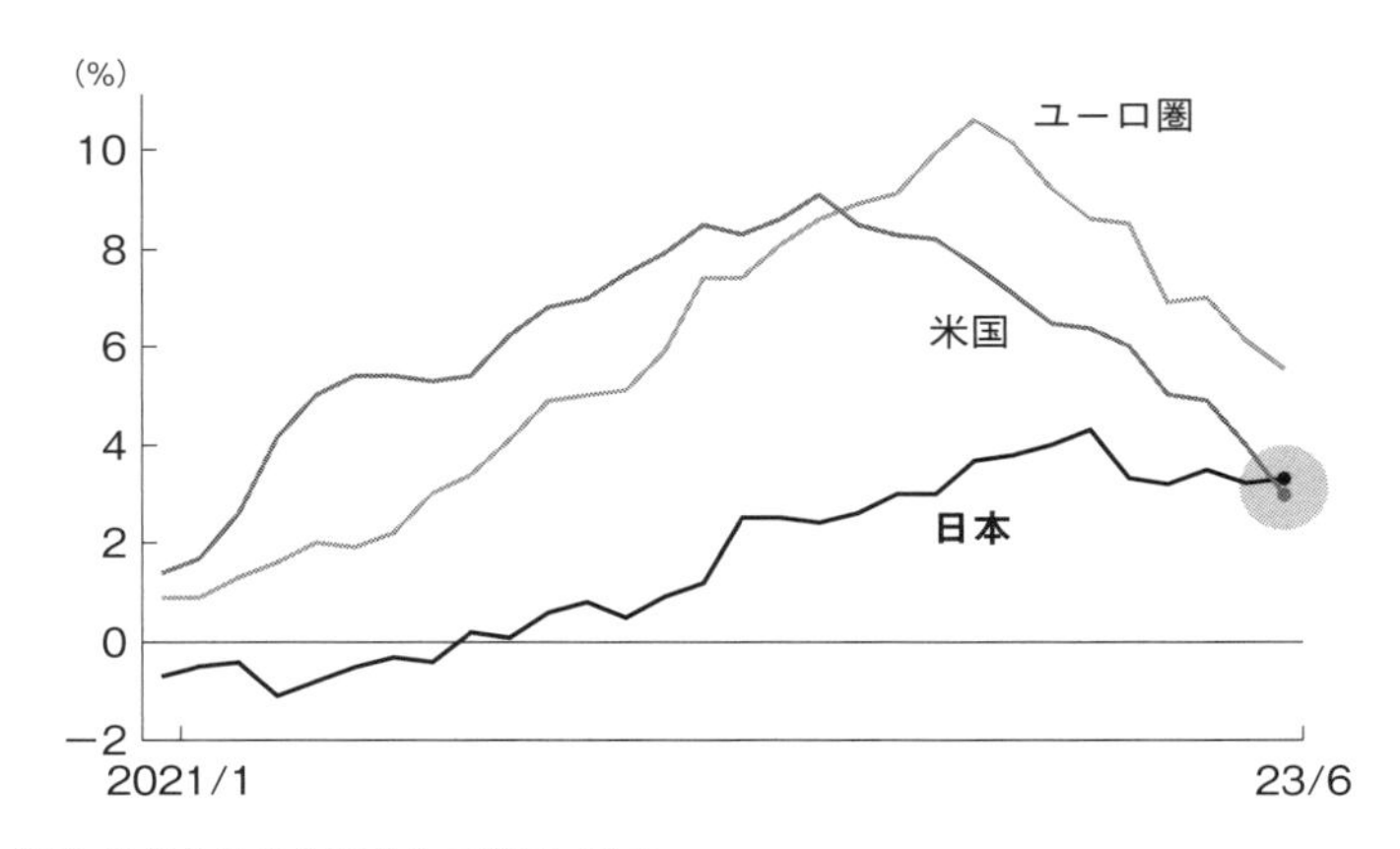

(注) 生鮮食品を含む総合の前年同月比
出所：各国統計。2023年7月21日日経電子版より

通常、利上げの効果が実体経済に浸透するには半年から1年かかるといわれています。コロナ禍後の景気回復は力強く、移民の増加などによってコロナ禍で失われた分を上回るまで就業者の増加が続き、賃金の上昇も続いたのですが、果たして米国経済は軟着陸できるのか。過去の振り返りの記述が長くなってしまいましたが、何度も繰り返した金融危機が再び起こるとしたらどういう形で起こるのか、そのマグニチュードはどのくらいの大きさになるのか、それが今後の最大の焦点だと思います。

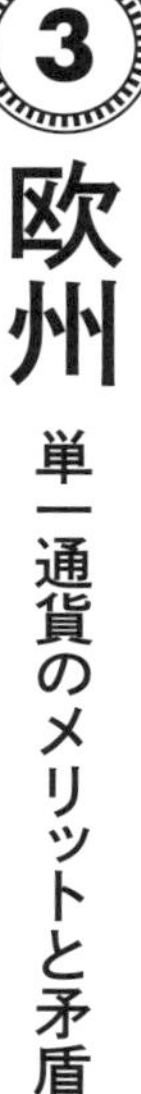

3 欧州

単一通貨のメリットと矛盾

欧州経済もまた厳しい現実に直面しています。欧州の単一通貨ユーロを採用するユーロ圏の金融政策を担うのがＥＣＢです。中央銀行としてインフレ退治と景気テコ入れという難しいかじ取りを迫られています。

ロシアによるウクライナ侵攻で最も深刻な打撃を受けたのが欧州経済です。ユーロ圏の消費者物価は２０２２年に前年比2桁まで上昇しました。特に、天然ガスの6割をロシアに依存していたドイツは、ロシアから敷設されたガスパイプライン「ノルドストリーム１」が停止したことで、スポット市場で購入する天然ガス価格が暴騰し、２桁インフレが避けられなくなったのです。

電力供給を域内で融通し合っているドイツ以外の国も高インフレにさらされました。

フランス、ドイツ、日本、米国の実質経済成長率（%）

	2020	2021	2022	2023	2024	2025
フランス	−7.6	6.8	2.6	1.1	1.1	1.1
ドイツ	−4.1	3.7	1.4	−0.3	0.0	0.8
日本	−4.2	2.7	1.2	1.7	0.3	1.1
米国	−2.2	6.1	2.5	2.9	2.8	2.2

出所：IMF。2024年、2025年は見通し

生計費の高騰は市民生活を圧迫し、抗議デモも相次ぎました。ドイツでは産業界の打撃も大きく、温暖化ガス削減のシナリオにも狂いが生じたのです。

ＥＣＢは２０２２年７月にゼロ金利を解除して０・５％の利上げを開始し、２０２４年６月に政策金利４・５％の水準から利下げを開始するまで金融引き締めを約２年間続けました。コロナ禍による２０２０年のマイナス成長を耐え抜き、２０２１年には大幅なプラス成長を記録していたのが、２０２２年以降低迷し、ドイツは２０２３年にマイナス成長に陥りました。「ノルドストリーム１」だけでなく、完成した「ノルドストリーム２」も負の資産となり、ドイツが緊急に整備した液化天然ガス（ＬＮＧ）の輸入基地には中東や米国からＬＮＧタンカーが続々入港するようになったのです。

インフレが招いたナチス台頭

経済成長率だけをみると、景気が低迷する中で金融引き締めを続けたＥＣＢは日本と対照的にみえます。一言でいうと、インフレに対する厳しいスタンスです。それを理解するには戦前からの欧州の歴史を振り返る必要があります。

欧州の大国であるドイツは第一次大戦の敗戦で巨額の賠償金の支払いを求められ、猛烈なインフレに見舞われました。民主制を敷いたワイマール共和国はこのインフレでナチスの台頭を許し、第二次大戦への道を歩んだのです。戦後、ドイツとフランスは長い時間をかけて和解を進め、最初に欧州共同体（ＥＣ）を設立し、それをＥＵに発展させました。さらに、１９９９年に単一通貨ユーロの発行にこぎつけ、その「守護神」としてＥＣＢを創設しました。**ドイツは2度の大戦の教訓から、財政規律とインフレ抑止を経済政策の基本とする姿勢をとってきたわけです。**

ＥＵでもＥＣＢでも、最も強い影響力を持ってきたのは大国ドイツです。リーマンショック後に金融機関の再編とともに焦点となったのは、２００９年に明らかになったギリシャの財政赤字の「粉飾」でした。ＥＵは加盟国に財政赤字を3％以内に抑えるよう求めていましたが、ギリシャは2桁赤字が発覚し、ギリシャ危機が発生します。ギリシャ国債は暴落し、リスクプミアムは一時10％に達しました。

ギリシャはＩＭＦの指導下で緊縮財政を迫られましたが、市民たちは年金削減や公務員の解雇などに反発し、ＥＵに赤字の穴埋めを含む支援を求めます。しかし、ＥＵの盟主であるドイツのメルケル首相（当時）は頑としてこれに応じませんでした。

市場の混乱はギリシャだけでなく、イタリアやスペインなどの国債にも波及し、イタリア国債のリスクプレミアムも一時は２％に拡大しました。ＥＣＢはギリシャの銀行の資金繰りを支える流動性の供給と、ギリシャ国債の利回り上昇を抑えるための国債の買い入れなどの支援に踏み切ります。困難な交渉を経て、ギリシャは緊縮財政を受け入れ、経済は安定を取り戻しました。

単一通貨ユーロのアキレス腱

ギリシャ危機はＥＵの構造的な弱点をあぶりだしたといえます。単一通貨ユーロとＥＣＢという中央銀行によって、米国に対抗できる経済ブロックを構築したのですが、財政政策は各国の独自性が尊重され、同じユーロ建てで発行される国債の信用力もばらばらです。ドイツは欧州で最も強い通貨だったマルクを捨てて、ユーロの創設を推進します。これによって、ドイツの輸出産業は欧州の単一市場を獲得するだけでなく、他のユーロ圏の国と同じ通貨になることで実質的な「切り下げ効果」を享受することができたのです。

ただ、そうしたプラスの効果があっても、加盟国に財政規律が働かなくなれば、ユーロは根底から揺さぶられます。とりわけ、欧州で反移民、反EUの極右政党が議会で多数を占めつつある情勢は気がかりです。ロシアのウクライナ侵攻がどのような決着をみるかにもよりますが、ユーロを導入する20カ国の経済・政治状況が大きく異なる中で、単一通貨と金融政策を維持することの難しさは今後も続きます。

4 FEDビューとBISビュー
金融政策の見方を二分する論点

ここまで日米欧の中央銀行の役割と直面する課題を解説してきました。中国の中央銀行、中国人民銀行の役割や課題もかつてに比べれば大きくなっています。

中国は習近平国家主席の下、共産党の支配をあらゆる分野に浸透させる政策を進めており、人民銀行が担当する金融政策も例外ではありません。現在の不動産不況や、コロナ禍後の消費不振を例にとって、日本経済との相似を指摘する見方は広く支持されていますが、大きな違いは金融自由化の進展度合いです。人民元は自由な変動とは程遠い管理された相場ですし、外貨の持ち出しも厳しい監視の目にさらされています。それでも染み出るように富裕層のマネーは日本の不動産や株式に流れ込んでいます。

中国は人口増加から人口減少に転じ、国連が2024年7月に発表した世界人口推計によると、2100年の人口は現状の半分以下の6億3300万人に落ち込みます。急激な人口減少は経済成長の下押し圧力になります。金融政策のかじ取りは今後、ますます難しくなるでしょう。

金融政策を考える本章の最後は「FEDビューとBISビュー」で締めくくりたいと思います。聞きなれない言葉だと思いますが、この2つの見方を知ることが金融政策の目的をどう考えるかに直結するからです。

金融政策でバブルを防げるか

枝葉を落としていうと、中央銀行は金融政策によってバブルの膨張を防ぐべきか、あるいは防げるのかという論点です。FEDビューはこの問題についてのFRBの見方を指し、BISビューは国際決済銀行と訳されるBISの主要なエコノミストが支持する考え方を示します。内閣府経済社会総合研究所がバブル経済についての研究をまとめた論文集（同研究所のホームページに掲載）にある、翁邦雄氏の「バブルの生成・崩壊の経験に照らした金融政策の枠組み」という論文を紹介しながら、2つの見解の対立点を説明しましょう。

FRBでは金融政策でバブルは防げないし、防ぐべきではないという見解が主流です。翁氏は2006年当時のコーンFRB理事（後に副総裁）による講演を紹介し、中央銀行が資産価格の変動に金融政策で働きかけることを許されるのは「①資産価格上昇を早期にバブルか否かを識別できる、②金融引き締めが資産価格上昇を抑えるうえで有効と確信できる、③バブル崩壊が非対称的に経済に大きな打撃を与えると確信できる、という3条件を満たす場合のみであり、それはまず満たされないとコーンは指摘している」と整理しています。また「バブルが崩壊しても、思い切った金融緩和をすれば、経済のソフトランディングは可能ということもFOMCメンバーによってしばしば主張されている」といいます。

この見方に真っ向から挑むのがBISビューです。翁氏はその代表的な主張をこう要約しています。「デフレを回避するための積極的かつ持続的な金融緩和が、実体経済のブームとともに債務残高、資産価格などの金融面の不均衡をもたらし、これら不均衡の累積が、ブーム破裂後に深刻な不況・デフレをもたらす可能性がある」。

米国もリーマンショックによる深刻な金融危機に直面しましたが、バブルを予防するより、思い切った金融緩和で対応する姿勢は変わっていません。どちらの見方が正しいかは、立場によって分かれます。私が見る限り、歴代の日銀総裁でBISビューの代表格が白川方明氏であり、FEDビューの最たる人物は黒田東彦氏です。デフレ脱却に何でもありの政策を掲げたアベノミクスの支持者はFEDビューの信奉者であり、いわゆるリフレ派の主張とも重なります。ただ、元イングランド銀行総裁のマーヴィン・キング氏は著書『錬金術の終わり』でこう書いています。「飛行機の衝突は減っているのに金融危機が発生する頻度は低くなるどころか、むしろ高まっている」。

次の金融危機がどのような形で起きるのかはわかりません。しかし、コロナ禍がもたらした、異常なまでの世界的な超金融緩和の後の急激な金融引き締めがひずみをもたらしていないか、十分な警戒が必要なことは間違いないでしょう。

日米欧の金融政策が平時に戻ったとはいえ、いずれも量的緩和によって、国債や不動産担保証券、日銀は上場投資信託（ＥＴＦ）なども含めて買い込んで資産を急膨張させました。市場に打撃を与えずに資産を減額するには10年以上、あるいは数十年もかかるでしょう。

第4章
企業を読む

どんな企業が成長し、逆に衰退するのでしょうか。デジタル化や人工知能（ＡＩ）の普及などによって市場の変化はスピードを増しており、これまで以上に環境への適応力が問われる時代です。機敏な（アジャイル）経営を実現するカギは何かを考えてみましょう。

1 損益計算書と貸借対照表

会計から経営課題を見抜く

企業の成長は自らが強みを持つ市場を見いだし、ヒトとカネという経営資源を集中することで実現します。日本経済の「失われた30年」の原因について財政、金融政策の失敗を挙げる声も多いのですが、この間に世界市場でシェアを高めた日本の主要産業が自動車しかなかったことは象徴的です。

日本企業はグローバルな競争力、生産性、資本効率など様々な物差しで劣後してきました。この章では、成功するグローバル企業がどうやってその果実を手にしたのか、日本企業に共通する経営の課題は何かを解き明かしていきたいと思います。

まずは基本の押さえ直しです。就職や転職をする時、希望する会社をどのように選ぶ

損益計算書の主な項目

① 売上高

企業がその期間に販売した商品やサービスから得られる収入。

② 営業費用または費用

商品を製造したり、サービスを提供したりするために発生する費用。人件費、原料費、広告費などが含まれる。

③ 営業利益

売上高から営業費用を引いたもの。

④ 純利益

営業利益から税金や利息などを引いたもの。

でしょうか。自分がどんな業種に関心があるか、どんな職種に関心があるかがスタートラインです。何事も好きでなければ長続きしませんが、業界研究やOB・OG訪問などで情報を集める時、チェックしてほしいのが会社の損益計算書（PL）と貸借対照表（BS＝バランスシート）です。

会社選びは個人投資家としてどの株に投資するのか選ぶのと似ています。成長する会社なのか、利益はどの程度出ているのか、株主配当を増やす余裕はあるか、売り上げや資本の規模に対して借入金が多すぎないかなど、様々なポイントを調べることで会社への理解を深めることができます。

PLは会社の通信簿

PLは通常、会社の1年間（四半期決算では3カ月）の経営成績を示す通信簿です。3月期決算の会社なら、前年の4月から3月末までの1年間の売上高や、人件費などの販売管理費、営業費用を除いた営業利益、税金などを差し引いた最終利益（純利益）が記載されています。

売り上げを伸ばすには社員を増やし、広告などの費用を増やす必要がありますが、費用がかかりすぎれば、いくら売り上げが伸びても利益率が低下してしまいます。社員は簡単には増やしたり減らしたりできません。オフィスの家賃なども同じで、こうした費用を固定費といいます。一方、原材料などの仕入れ原価やインターネットを使った販促費用などは変動費といいます。固定費の比重が高まると利益が出にくい構造になるため、会社は業務の外部委託やアルバイト、派遣社員などの活用で固定費の変動費化を進めることが多くなります。

飲食店を例にとると、わかりやすいでしょう。新規開店を目指す時に立地、店の席数などが重要なのは、それによって固定費で大きな比重を占める家賃が決まってしまうからです。席数が20、夜だけ営業の個人店で客単価が５０００円だとしましょう。席の7割が埋まるとすれば一晩の平均売り上げは7万円です。月25日間の営業で１７５万円の売り上げになります。

食材などの原価率が４割だとすると１０５万円が残りますが、家賃が30万円なら、残るのは75万円です。店主がワンオペに耐え切れず、フロアの注文取りや片付けでアルバイトを雇い、月10万円を支払えば65万円です。光熱費もあるし、開店時の借入金の返済もあります。１人でも正社員を雇えばたちまち固定費負担でお金が回らなくなり、自分の給与ともいえる取り分がなくなってしまいます。

実際の売上高に対して、損益がトントンになる売上高の比率を示す「損益分岐点比率」がポイントです。家賃や社員の給与、社会保険料、光熱費、借入金返済などの固定費が少ないほど、経営に余裕があるといえます。会社を選ぶ時に、オフィスが一等地のビルにあるから信用できるという単純な話ではありません。オフィスの賃料が会社の体力に対して高すぎれば、よい会社といえないからです。

バブル崩壊の直前、日本の企業は好況が続いたためにコスト管理を怠って、この損益分岐点比率が大幅に上昇していました。売り上げの伸びが止まった途端に営業赤字に陥る企業が続出したのです。

アクティビストはどこを見るか

企業をみるもう1つのポイントはBSです。毎期の企業の事業成績を表すのが損益計算書だとすれば、BSは企業のストックベースの姿を表しています。左側に資産、右側に負債と純資産を記載し、資産は負債と純資産の合計額と必ず一致しています。

純資産には株主による出資金（資本金）だけでなく、毎期、最終利益として積み上げて配当などで社外流出しなかった利益剰余金も計上されています。新たな設備投資や株主配当をする余裕があるかどうかは、剰余金に見合う資産として何が計上されているかでわかります。

資産として現預金だけ積み上がっているようなら経営効率が高いとはいえません。アクティビストといわれる海外ファンドは、保有資産が利益成長に貢献しているかなどを徹底的に分析し、増配や自社株買い、本業以外の事業の切り離しなどを求めてきます。そこで問われるのがＰＢＲ（株価純資産倍率）です。

2024年夏にはコンビニ最大手のセブン&アイ・ホールディングスがカナダの同業大手、アリマンタシォン・クシュタールから買収提案を受けました。当初提案で6兆円とみられた買収提案額に対し、セブン側は「当社の企業価値を著しく過小評価している」と反論しました。

このやりとりについて、ある銀行の幹部は「自社で考える企業価値より市場でついている会社の値段(時価総額)が低いことを認めるような発言だ」と困惑していました。つまり、低採算のスーパー事業などの切り離しで早く企業価値を引き上げる努力が必要になるという見方でした。クシュタール社は買収額を7兆円に引き上げる再提案をしましたが、この攻防は日本企業の経営のあり方にも影響を与えるでしょう。

ダイバーシティーも評価のカギに

ここまで会計からみた企業の課題を説明しましたが、もう1つ日本企業が問われているのがダイバーシティー(多様性)の確保です。内閣府の男女共同参画局が設けた「女性役員情報サイト」は、東証上場企業の役員の女性比率が他の経済協力開発機構

東証上場企業の女性役員比率

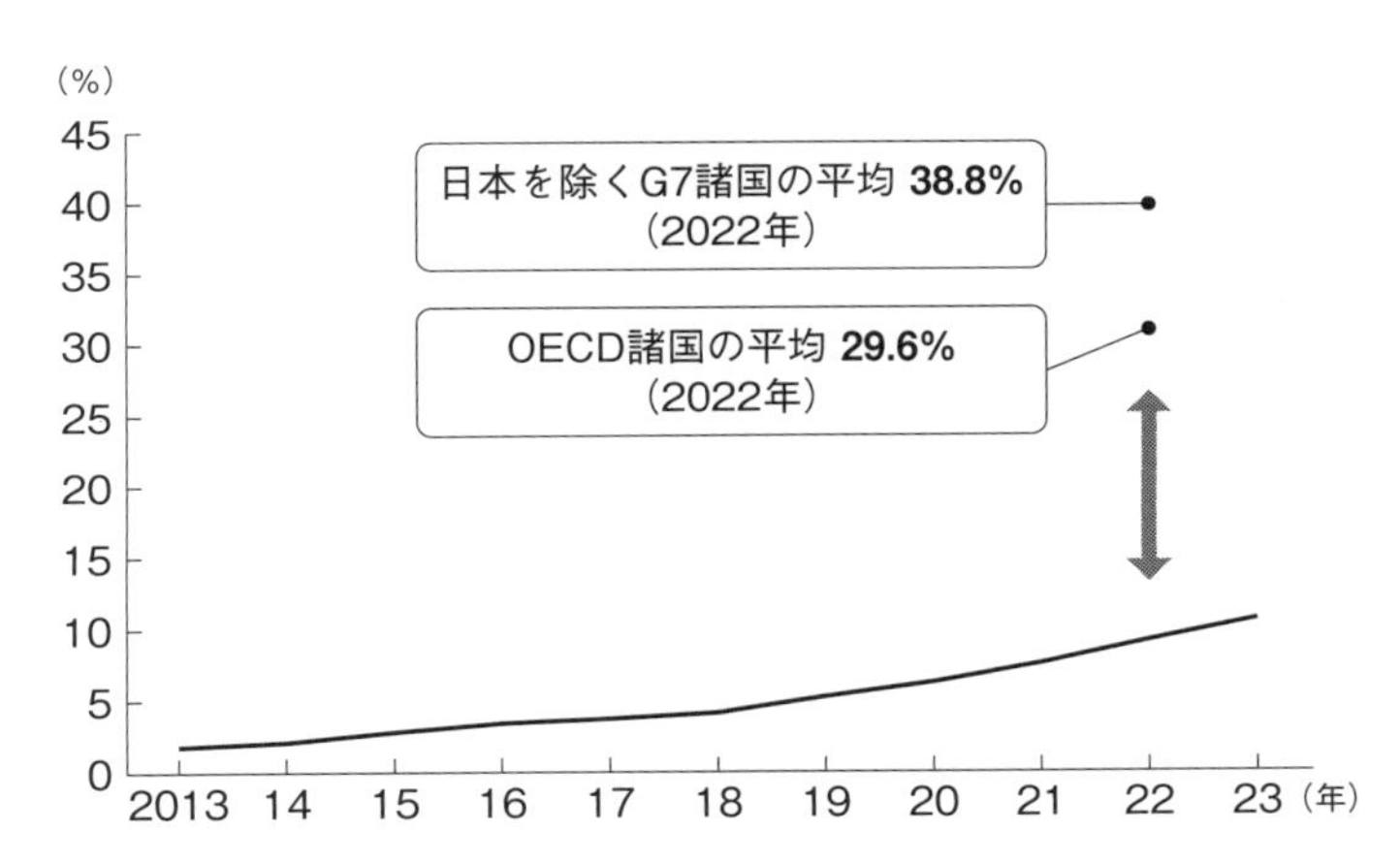

※東洋経済新報社「役員四季報」から内閣府が作成した資料より

（ＯＥＣＤ）加盟国に比べ、著しく低い実態を教えてくれます（１５７ページのグラフ）。役員の女性比率は外部からの社外取締役起用によって底上げができますが、内部昇格で役員になる女性の数はまだまだ少数です。女性管理職が育っていないからです。

米ＩＢＭにもそんな時代がありました。メーンフレームのコンピューターを売るビジネスモデルがパソコンの普及で時代遅れになり、ルイス・ガースナー氏が最高経営責任者（ＣＥＯ）に就いて、事業売却などの大なたを振るいました。この時の経営改革であまり知られていないのが、ダイバーシティーを戦略的目標にしたことです。

女性や人種などの分野ごとにタスクフォースをつくり、管理職比率の目標などを定めました。２００4年の「ハーバード・ビジネス・レビュー」はガースナー改革をこう評価しました。「多様で多文化的な市場を理解し、より広範囲な顧客にアプローチして大きな収益を上げた」。一例として女性経営者などが多い中小企業向けサービスの売上高が3年で30倍に高まったことを挙げています。日本企業にとって変革の１つのモデルといえます。

② 急成長するテック企業

先端分野の攻防を読み解く

すべての会社は規模の小さい損益計算書から始まります。ここからは、そんなスタートアップの時期を経て、大きく躍進する会社の条件をみていきましょう。第1章でも紹介した米半導体大手のエヌビディアがサンプルです。

私が同社を知ったのはパソコンいじりを趣味にしていた2000年頃、ビデオゲーム用の画像処理部品（グラフィックボード）のメーカーとしてでした。その後、ゲーム専用機の画像処理チップなどを手がけていましたが、2010年代後半には高速コンピュータ－の画像処理チップの市場に参入しました。やがて生成AIの学習やアウトプットに必要な高速処理の半導体チップ（GPU）で独占的地位を固めたのです。2024年8月発表の5－7月の決算では5四半期連続で売上高が前年同期比2倍以上に増え、東京市場を含む株式市場の「半導体ブーム」のけん引役になっています。

エヌビデイアの時価総額は２０２４年6月には一時、世界最大の３兆３３５０億ドル（約５２６兆円）になりました。快進撃をもたらしたのは、２０２２年12月に登場したオープンＡＩの「ＣｈａｔＧＰＴ」に代表される生成ＡＩの急速なビジネス化です。アマゾン・ドット・コムやグーグルなど、クラウドコンピューティング事業を手がける米ＩＴ大手がデータセンターに巨額の設備投資を行い、一強のエヌビディアのＧＰＵの需要が急激に高まったのです。

オープンＡＩは２０２４年10月に66億ドル（９６００億円）の資金調達を発表し、未上場企業の調達額の記録を塗り変えました（生成ＡＩをリードしてきたオープンＡＩはもともと非営利組織として設立され、ＡＩがもたらす社会への脅威などをチェックする役割も担ってきたのですが、競争力を維持するための投資を続けるには営利組織となる選択しかなかったようです）。

米テック大手の時価総額

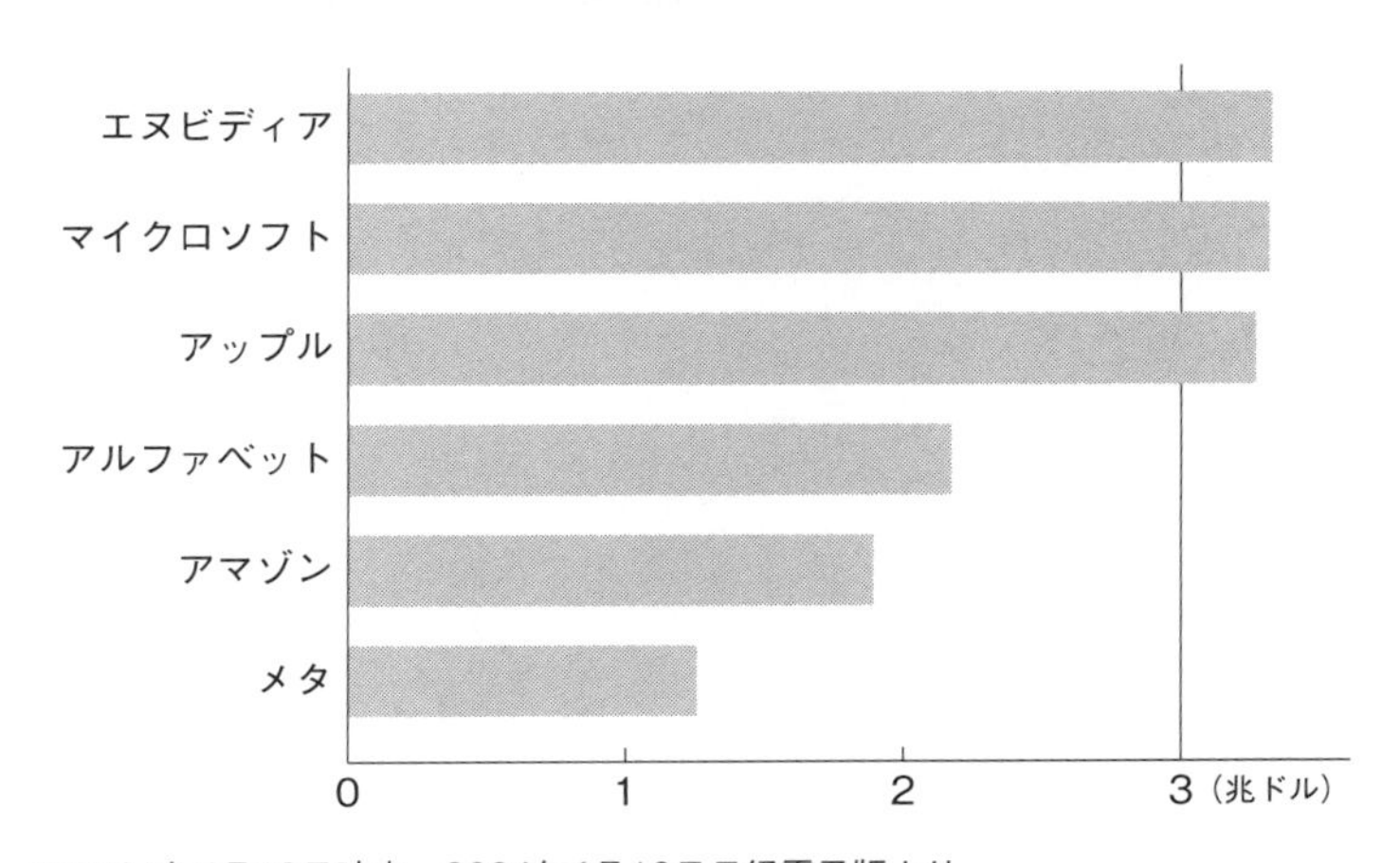

※2024年6月18日時点。2024年6月19日日経電子版より

エヌビディアの成長ストーリー

エヌビディアの成長のストーリーは次のようなものです。もともと画像処理の半導体開発で強みを持っていた同社は、将棋や碁で人間を負かす能力を持ち、自動学習ができるレベルまで進化したAIのイノベーションの波頭に遭遇しました。膨大な情報処理を行うことは画像処理チップの得意とする分野で、エヌビディアはデータセンター向けのGPUの性能向上に全力を傾けました。その結果、生成AI向けチップの市場で世界シェアの8割を握るまでに成功したというわけです。

AI需要の高まりという時機を逃さなかったことには運もあったと思いますが、唯一無二の商品の市場をスケーリングした、つまり売上高を倍々ゲームで伸ばすという成長を実現した好例といえます。

この話には2つのポイントがあります。**1つは、画像処理用の半導体の技術を深掘りする「深化」と、AIという新市場に商品を展開する「探索」です。**これはスタンフォード大学のチャールズ・オライリー教授が提唱する「両利きの経営」で用いられている理論です。どちらが欠けてもエヌビディアの今日の成功はなかったでしょう。

もう1つは、半導体製造の「生態系」の中で、自らの居場所をしっかりと固めていることがあります。同社には自社工場はありません。後述する台湾積体電路製造（TSMC）に製造を委託している、いわゆるファブレス経営です。自らの強みを磨くことと新しい市場を開拓することのバランスをとり、変化の激しい市場に適応するにはアジャイルな（機敏な）会社であることが絶対条件になります。

川下の製造工場まで抱え込むことは逆に大きなリスクになります。1980年代に世界の半導体市場で5割のシェアを誇っていた日本の総合電機メーカーが敗退した一因もそこにあります。マイクロソフトのWindowsパソコンの中央演算処理装置（CPU）で圧倒的なシェアを握り、「インテル入ってる」のCMで一世を風靡した米インテルはその後どうなったでしょうか。2024年7－9月期は3四半期連続で最終赤字に陥りました。経営不振の一因はパソコンからスマホへというCPU市場の変化や、AI市場への対応の遅れにありますが、ここに至って自ら製造部門を切り離す方針を公表しました。

半導体の生態系とTSMC

半導体製造の生態系という言葉を使いましたが、その中核にいる会社がもう1つあります。世界最大の半導体ファンドリーであるTSMCです。同社の最大の顧客はアップルで、TSMCなしにiPhoneは成り立ちません。そして、もう1つの大顧客がエヌビディアなのです。

エヌビディアのCEO（最高経営責任者）のジェンスン・ファン氏は台湾出身、TSMC創業者のモリス・チャン氏は中国生まれで、2人とも米国で工学の修士号を取ったところが共通しています。ファン氏がチャン氏に出した一通の手紙からTSMCへの製造委託が始まったといいます。

ファンドリーはファブレスの会社から製造委託を受ける半導体メーカーです。TSMCは熊本県に半導体工場を建設したことで日本国内でも広く知られるようになりましたが、韓国のサムスン電子や米インテルなどとの激しい競争にさらされながらも常に最先端半導体の投入でトップランナーの地位を維持してきました。

２０２４年時点のｉＰｈｏｎｅの最先端ＣＰＵは3ナノ（10億分の1）メートルですが、すでに2ナノ半導体の開発を始めています。日本の日の丸プロジェクトとなり、北海道で工場建設が進むラピダスが開発を目指すのも2ナノ半導体です。果たして王者ＴＳＭＣに対抗できる製品を作り出すことができるのか、時間との競争です。

チャン氏が一代で築いたＴＳＭＣは、製造技術を「深化」させることでライバルとの戦いを勝ち抜いてきましたが、米中の覇権対立が激しくなったことから、同社は大きな戦略転換をしました。台湾で製造するやり方を改めて、消費地である米国や日本、欧州に工場を作る決断をしたのです。

日本でもそうですが、進出先の各国政府からしっかり補助金をもらい、投資の採算を改善するしたたかさは日本企業も見習うべき点です。とりわけ、米政府が進出を促しているにもかかわらず、インテルが「外国企業に補助金を出すのはおかしい」と議会にロビイングする動きが表面化した際に、チャン氏が激しくインテルを批判した話はよく知られています。

また、米アリゾナ州の新工場の起工式での挨拶で「グローバリズムはほぼ死んだ」と語った言葉は、ポスト冷戦の『フラット化する世界』（トーマス・フリードマン著）が21世紀の初めの一時期のことにすぎなかったことを象徴的に表しています。台湾の工場からどの国へも自由に輸出できる時代が終わったことを認識し、生産拠点の分散に踏み切ったわけです。

イノベーションのジレンマ

勝ちパターンは永続しない

エヌビディアとTSMCの成功について触れましたが、こうした急成長企業もその地位をいつまでも守れる保証はありません。GPUはIT大手が自ら半導体開発に乗り出していますし、TSMCが得意としてきた微細加工の技術の深化も今後10年をにらめばパラダイムシフトが起こっても不思議ではありません。

圧倒的なシェアを持つ全盛期こそ、目に見えぬ競争相手の出現に目を凝らさなければなりません。米ハーバード大ビジネススクールのクレイトン・クリステンセン教授が唱え、日本企業が多くの事例を提供してきた「イノベーションのジレンマ」は、まさに成功体験に失敗のタネがまかれるという教訓を示しています。

ソニーは音楽レーベルのビジネスを自ら手がけていたために、コンパクトディスク（ＣＤ）の音楽市場を守ろうとして配信事業に出遅れました。カセットテープを携帯プレーヤーで聴く「ウォークマン」から築いてきた市場が配信主体のアップルのｉＰｏｄ、その後のｉＰｈｏｎｅに奪われていったのです。

コダックの破綻と富士フイルムの変身

写真用のフィルム市場で圧倒的なシェアを誇っていた米イーストマン・コダックは自らも世界に先駆けてデジタルカメラを開発したのですが、当初の画像がアナログカメラのフィルムにかなわないものだったためにデジタル化への対応が遅れ、２０１２年には米連邦破産法11条（チャプター・イレブン）を申請し、経営破綻しました。対照的なのがライバルの富士フイルムホールディングスです。写真フィルムの事業でコダックと争いながら、デジタルカメラ事業に注力し、さらにフィルムの開発技術を応用した化粧品や医薬品事業にビジネスの領域を広げていったのです。

デジタルカメラや携帯電話のような新しい市場には、参入した多くのメーカーがそこその売り上げ増を達成できる成長期があります。しかし、参入企業が多ければ多いほど、市場が成熟すると「レッドオーシャン」と呼ばれる、血で血を洗うような過当競争の舞台になってしまいます。消費者を直接相手にするBtoCの市場は流行の波が大きく、競合相手もどこから出現するかが予想しにくいという特徴があります。

たとえば、近年の流行語に「タイパ」（タイム・パフォーマンス）という言葉があります。コスパ（コスト・パフォーマンス）から派生した言葉ですが、市場の大きな潮流を言い表している点で、マーケティングではカギとなる概念です。コスパは価格に見合う性能や品質かどうかが問われますが、タイパは消費する時間に見合う性能や品質、満足度があるかどうかが問われます。いくら商品やサービスの品質を向上させても、それにかかる開発コストを吸収できる値上げができるかどうかは保証の限りではありません。

まして品質と価格のバランスではなく、品質と時間のバランスとなると全く異なる分野の商品やサービスとの競争になってきます。実例を挙げましょう。最近、都内で電動キックボードの「LUUP」の貸し出し拠点（ポート）が増えているのに気づきます。短距離の移動手段で、どのポートから借りてどのポートで返しても30分300円程度なので、タクシーの初乗り運賃より安く、すぐに使える点がメリットです。月間３０００円のサブスクリプション契約もあり、自宅の近くにポートがあれば駅までの徒歩時間を大きく短縮できます。

では、これによって影響を受けるのは、どんな市場でしょうか。１駅くらいの距離でタクシーに乗るお客さんは減るでしょう。家で自転車を使う機会が減り、自転車の市場も小さくなりそうです。一方で駅近にポートを設置できる空間はそうそうあるわけではありません。参入はそう難しくなさそうですが、いかに便利な場所のポートを多数確保するかが勝負所になることがわかります。

ＥＶ市場にも暗雲が…

みなさんのお住まいが住宅地だとすれば、かつての銀行の支店がＡＴＭコーナーに置き換わり、それも姿を消しつつあることを実感していると思います。１９８０年代は大蔵省が過当競争を防ぐために銀行の支店開設を規制しており、そのために関西系の都市銀行が首都圏の相互銀行などの買収・合併に乗り出した時期がありました。顧客の利便性を高めるために駅前の狭小区画がＡＴＭの設置競争の舞台になったこともありました。これもまずはコンビニエンスストアがＡＴＭを置くようになり、スマホで簡単に送金ができるようになって市場は大きく変わりました。

ＢｔｏＣ市場に比べて、企業間取引のＢｔｏＢ市場は安定しているようにみえますが、ここでもテクノロジーの変化によって市場の前提が大きく変わる場合があります。電気自動車（ＥＶ）の登場によって、内燃機関（エンジン）に関わる部品の需要が先細りになることはほぼ確定的な未来図でしょう。自動車産業は５００万人を超える国内雇用を抱えており、ＥＶへの対応は日本経済の将来を左右します。

しかし、問題は未来図ではなく、その移行プロセスにあります。どの程度のペースでＥＶが普及するかは誰にも確たることが言えません。イーロン・マスク氏が率いる米テスラは米国でＥＶ市場を開拓し、脱炭素の潮流に乗って一時は世界を席巻するかにみえました。ハイブリッド車で圧倒的な強みを持つトヨタ自動車が、まさに「イノベーションのジレンマ」でＥＶ対応に出遅れるのではないかという懸念も強まりました。

しかし、結果はどうでしょうか。欧州や米カリフォルニア州などでガソリン車の新車販売の禁止を掲げるところはありましたが、ロシアのウクライナ侵攻をきっかけにしたエネルギー危機と中国のＥＶの安売り攻勢によってすっかり景色は変わってしまいました。それほど変化の激しい時代が来たのです。

④ 日本企業の課題

「JTC」脱却へ、改革が不可欠

第2章で生産性の低迷が「失われた30年」の一因であり、その打開には人材への投資やデジタル投資を含む設備投資がカギを握ることを説明しました。ここでは、それを企業経営に置き換えた時の課題を示します。

まず日本経済新聞が2024年1月に連載した「昭和99年ニッポン反転」で取り上げた「JTC」という言葉から始めましょう。

「JTC」は「Japanese（日本の）Traditional（伝統的な）Company（会社）」の略語で、SNSなどで若者の間に広まりました。昭和の香りを残す大企業でよくみられる上意下達や、意思決定に時間がかかる様への若手社員の反発の意味が込められています。

失敗回避を優先する企業文化

ＪＴＣについてＳＮＳのＸの投稿を調べると、１年間で24万件にのぼったといいます。記事では経済の低迷が続く中で、「出世の階段を外れることを恐れ、無意識に責任逃れや失敗の回避を優先する企業文化を生み出した」と元グーグル組織開発責任者、ピョートル・グジバチ氏のコメントを紹介しています。では、責任逃れや失敗を回避する企業文化はどのように生まれたのでしょうか。

それは必ずしも経営者の力量不足によって生まれたわけではありません。ただ、日本の会社組織特有の事情を反映しています。ＪＴＣの代表的な会社の例を図示しましょう（１７５ページ）。経営陣や幹部はモノカルチャーの組織の代表選手です。新卒で入社してから同じ会社にずっと勤め、ほとんどが男性です。経営陣は会社を社会的存在ととらえ、雇用の維持と倒産の回避を最優先するために、どうしてもコストを削減し、黒字を維持するという縮小均衡に陥ってきたのです。

10年ほど前から人事関連ビジネスの業界では、中間管理職について「粘土層」と揶揄

「JTC」と揶揄される企業文化をどう変えるか

日本の産業が競争力を失ったわけ

モノカル組織

縮小均衡を優先

雇用維持と倒産回避

では、何を目指すのか

ダイバーシティーの
ある組織

拡大均衡による成長

流動的な労働市場と新陳代謝

する声が聞かれました。現場への経営陣の指示が徹底されず、一方で現場から意思決定のスピードアップなどを求められても経営陣にそのメッセージを伝えない。つまり、上からも下からもメッセージが遮断されるという意味での「粘土層」なのです。**そうした組織は新規事業に乗り出してトップライン（売上高）の増加を目指すよりも、利益率は低くても雇用調整をしなくて済む旧来事業の温存に走りがちで、ボトムラインの利益を確保するのに汲々とするわけです。**

ＪＴＣが正社員の雇用を守ってきたことにも無視できない効用はありました。しかし、そのコストはあまりに大きすぎます。目指すべきはどんな組織でしょうか。経営陣や経営幹部は多様性（ダイバーシティー）が重視されなければなりません。女性幹部の登用は不可欠です。中途採用や出戻りの社員が活躍するには流動的な労働市場が必須ですし、退場する会社から人材が放出される新陳代謝も欠かせないでしょう。

そうした変化の結果として、拡大均衡による成長を実現する必要があります。すでに多くの企業が年功型賃金の大幅な見直しに踏み込んでおり、年次にかかわらず能力に見合ったポジションや報酬を与える試みが広がっています。人材の獲得競争が激化することで「賃上げ競争」の様相を呈していることも大きな変化の表れです。

役職ごとに仕事の内容を再定義し、それに見合う報酬を設定する「ジョブ型」雇用への転換も、日本企業にとっては大きなチャレンジになります。新卒採用で定年退職まで雇用を守るという「メンバーシップ型」の雇用は、つい最近まで企業社会の常識だったからです。

メンバーシップ型の雇用を守るべきかどうか、経済界が真剣に議論をしたのは30年前、1994年2月に経済同友会企業動向研究会が開いた「舞浜会議」でした。この会議を取り上げた朝日新聞の記事（2007年5月19日）によると、オリックスの宮内義彦社長（当時）が「企業は、株主にどれだけ報いるかだ。雇用や国の在り方まで経営者が考える必要はない」と話したところ、新日本製鉄の今井敬社長（当時）が「それはあなた、国賊だ。我々はそんな気持ちでやってきたんじゃない」と答えたといいます。

株主重視か雇用重視かの対立は日本的経営の見直し論につながりました。翌1995年に日経連は「新時代の『日本的経営』」を発表し、中間的な案を提示します。正社員と専門性の高い社員、そして非正規社員という3種類の労働者グループを定義したのです。それ以降、日本では雇用を守るべき正社員とそうでない非正規社員という雇用形態が定着していくのです。

「マークアップ率」の向上を

ここでもう1つ、日本企業の課題を挙げます。拡大均衡の成長を実現するには、祖業といわれたり、売上高が大きいものの利益率が低かったりする事業の見直しが必要といえます。そこで注目すべきはマークアップ率（原価にどれだけ利益を上乗せしているかを示す比率）です。マークアップ率が低いと、取引先や消費者からの値下げ圧力にずっとさらされ、レッドオーシャンの競争になるということです。

外食チェーンがデフレ時に値下げで客を奪い合う競争に陥ったことがその典型です。米欧ではテック大手の台頭などでマークアップ率が近年上昇していますが、日本は低水準で横ばいのままです。売上高が大きいとその事業で働く社員も多く、雇用調整が立ちはだかることが背景にあると思われます。

**日米欧企業のマークアップ率
（原価にどれだけ利益を上乗せしているかを示す比率）**

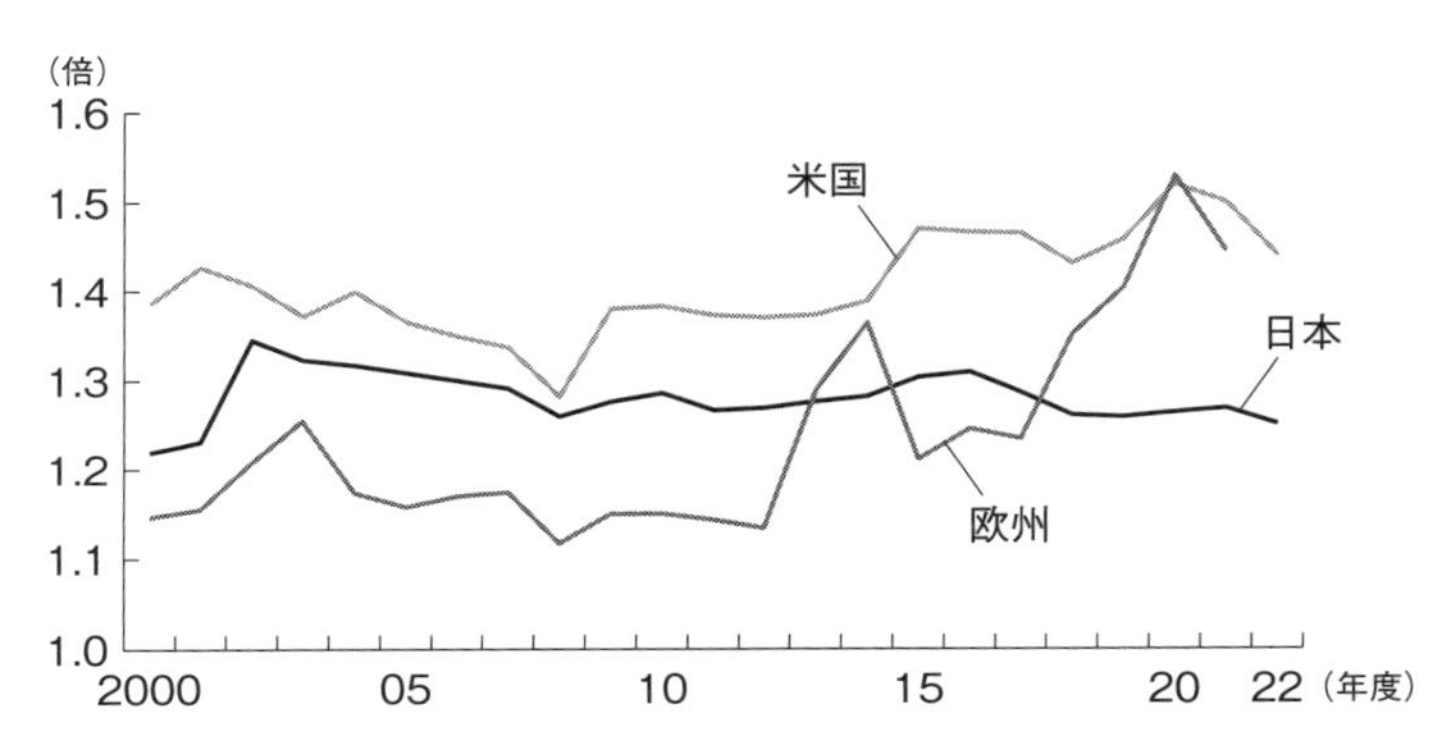

出所：内閣府「日本経済レポート2023年版」

この本を読もう！②

3章の金融政策については、日本も米国も歴代の中央銀行総裁の自伝や評伝があります。私がお薦めするのもイングランド銀行の総裁だったマーヴィン・キング氏の**『錬金術の終わり』（日本経済新聞出版）**です。2016年発行なので、新型コロナによる混乱やウクライナ紛争が起きる前ですが、リーマン・ブラザーズの破綻から銀行の資本増強が発表されるまでの「世界を震撼（しんかん）させた28日」を振り返り、どんな教訓を得るかが主題です。

「航空機事故は減っているのに、金融危機の頻度は上がっている」という一節は3章で紹介しました。キング氏の考えは金融緩和による不均衡を警戒するBISビューに近いでしょう。示される3つの疑問は、なぜ金融危機につながるコースを進んでいるとわかっていながら「軌道を修正する行動をとらなかったのか」「危機の根本原因はなぜ放置されたのか」「孫世代の経済の見通しはなぜ突然悪化したのか」です。本書は解答も示していますが、「錬金術」と命名する金融資本主義の猛威は変わっていません。世界経済は再び安定期に入ったようにみえますが、「持続不可能な状態は考えているよりかな

『錬金術の終わり』
マーヴィン・キング著
日本経済新聞出版

り長く続く」という金融危機の法則が気になります。

4章で紹介したエヌビディアの「両利きの経営」にもつながるのですが、日本企業はDX（デジタル・トランスフォーメーション）にどこまで踏み込めているのでしょうか。店頭の無人レジやバックオフィスの効率化、工場の無人化など目に見える仕事のIT化は進みつつありますが、それは本質ではないでしょう。日本企業が陥りがちな「形から入るDX」に警鐘を鳴らし、CX（コーポレート・トランスフォーメーション）やIX（インダストリアル・トランスフォーメーション）の重要性を訴えるのが**『DXの思考法』（西山圭太著、文藝春秋）**です。

まず「課題を考えよ」と強調し、「目先の解決策」を優先するために思考が組織やリソースの限界にとらわれる傾向を指摘しています。デジタル化の本質について、まず課題を抽象化し（「上げて」）、ビジネスの具体化に落とし込む（「下げる」）プロセスが必要だという指摘はユニークです。その重要性は、冨山和彦氏が解説で指摘するように、IXが産業の破壊的創造をもたらし、リチウムイオン電池と液晶画面というイノベーションの絶対的な勝者がそれぞれの部材を作るメーカーではなくアップルだったということでも明らかです。

『DXの思考法』
西山圭太著、文藝春秋

第5章

人口減少を読む

未来を予測するのに一番確実なデータが人口動態です。不確実な世界のシナリオを描く地政学の専門家もまずそれぞれの国の将来人口を分析します。人口動態は経済成長や防衛力、医療や年金の持続可能性、財政の健全性に大きな影響を与えるからです。人手不足に直面する日本では、企業に賃上げや働き方改革を促しています。

①

将来推計人口

50年後、人口はどこまで減るか

米中央情報局（ＣＩＡ）はウェブ上にワールド・ファクト・ブックを公表し、人口ピラミッドや出生率、被扶養人口比率などの詳細な数字をあげています。インテリジェンスの基本に人口動態があるからです。高齢者人口が多く、年少者が少ない「いかり型」の和ろうそくのような日本のピラミッドをみると10年後、50年後の日本が見えてきます。英エコノミスト誌は２０１２年に出版した『２０５０年の世界』（文藝春秋）で、日本は労働年齢（生産年齢）人口と被扶養者人口が肩を並べ、「世界史上最も高齢化した国」になると予測しています。

日本の人口に関して、まず国立社会保障・人口問題研究所が５年ごとに発表している将来推計人口（２０２３年版）で最新のデータを確認しましょう。人口は２０５６年に１億人を割り込み、２０５９年には出生数が50万人を下回ります。２０７０年の人口はいまより3割少ない8700万人に減ります。

15〜64歳は生産年齢人口といわれ、0〜14歳の年少人口と65歳以上の高齢者人口を合わせた被扶養者人口とのバランスが重要です。2070年の生産年齢人口は4535万人と2020年の7509万人から4割も減り、エコノミスト誌の指摘通り、被扶養人口とほぼ並ぶのです。

今回の推計のポイントは外国人が毎年16万4000人ずつ増える前提を置いていることです。新型コロナウイルスが流行する前のトレンドを延伸したもので、実際に2023年10月時点の外国人就労者は前年に比べて22万5950人増えました。16万人ペースで増えていけば2050年に1億人の人口を維持できるというわけです。推計通りなら2070年の外国人数は2020年の3・4倍の939万人と、総人口の1割を超えるようになります。

2070年には総人口の1割超が外国人に

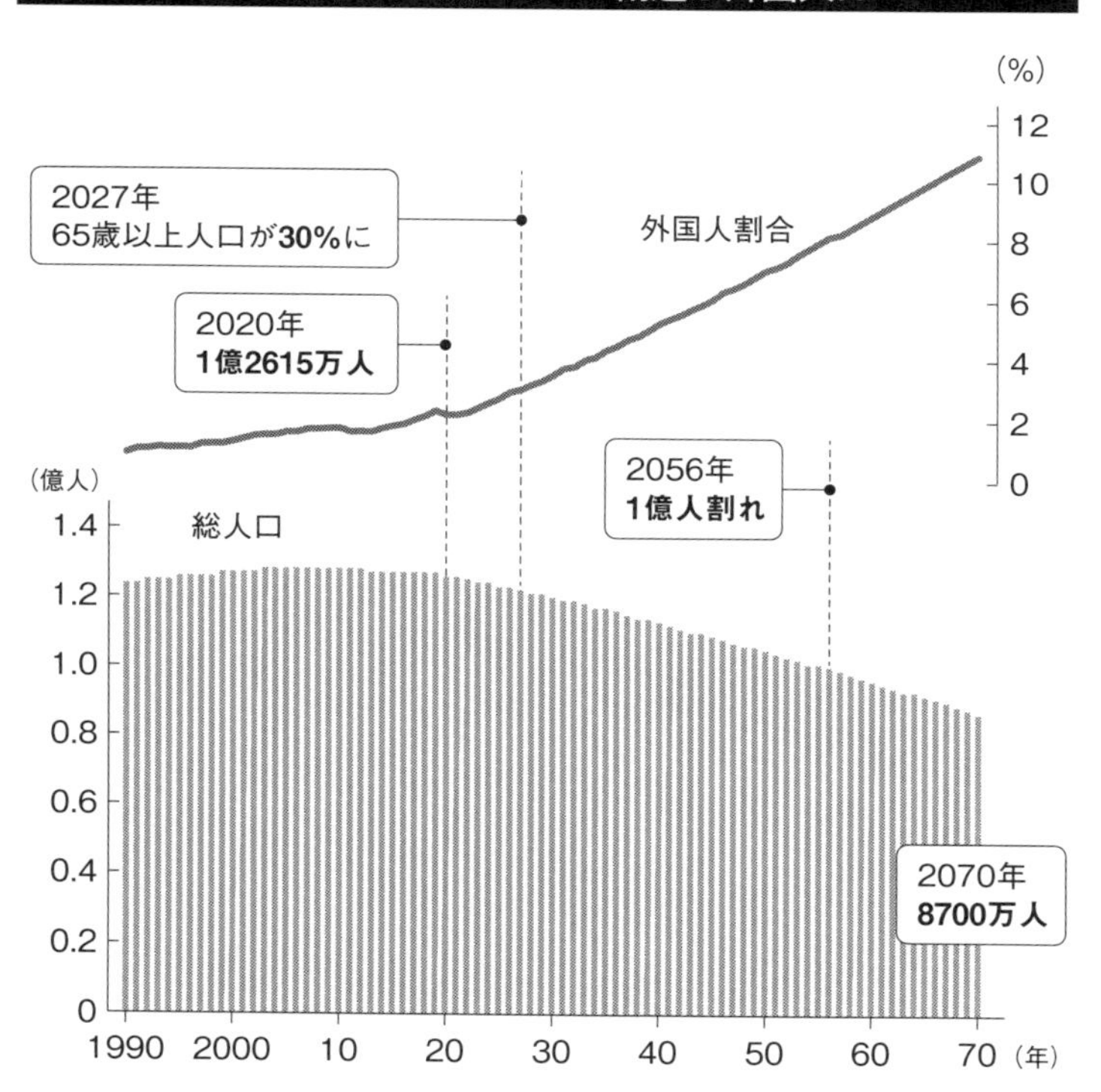

出所：国立社会保障・人口問題研究所など。2020年まで実績。2021年以降は推計。2023年4月26日日本経済新聞の記事より

出生率の前提に疑問符も

この推計にはいくつかの問題があります。1つは、出生率の前提が甘いのではないかという点です。推計は2023年の出生率が1・26まで下がった後にやや回復し、2070年まで現在より高い1・36程度の横ばいで推移するとの前提に立っています。しかし、現実の2023年の出生率は過去最低の1・2まで下がり、早くも乖離が生じています。

人口推計には中心的な予想である出生率の「中位」以外に、出生率「低位」のそれもあります。過去にも中位推計で出生率を現実より高めに予想してしまった例が多く、低位推計が「現実に近い」という見方が専門家に多いことも付言しておきます。

もう1つは、外国人の増加を前提にして人口減少がゆっくり進む姿を描いたことです。政府は外国人就労者の家族の帯同や呼び寄せについて、一部を除き高度な職種に限定しています。欧米のように家族ごと日本に移り住んで永住する「移民」という形態を基本的に認めていないからです。このため、必要とされる日本語学習の機会やコミュニ

合計特殊出生率の推移

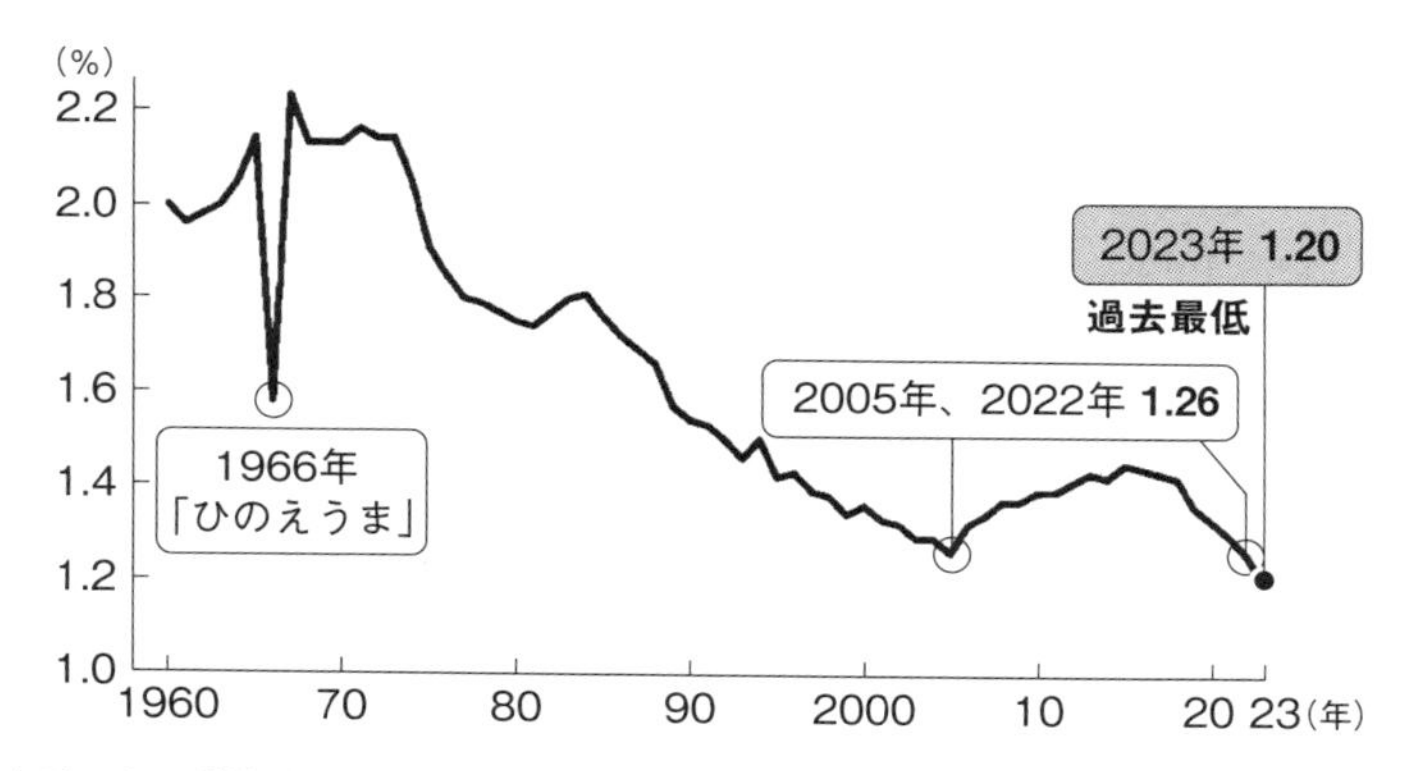

出所：人口動態統計。2024年6月5日日本経済新聞の記事より

ティーでの受け入れ環境が十分でないという問題があります。総人口の1割に達する外国人を受け入れる社会であるならば、それに応じた包摂社会の設計も必要になります。

② 永遠の人手不足

「2024年問題」はさらに厳しく

推計人口をベースに日本の経済社会の課題を考えてみましょう。まずは直面する人手不足です。

日本の生産年齢人口は1995年をピークに減少しています。2023年には1995年に比べて15%も減りました。それでも実際に仕事に就く就業者数は300万人も増えました。戦後すぐに生まれたボリュームゾーンの「団塊の世代」が働き続けたことと、女性の就業者が増えたことが要因です。しかし、団塊の世代も2025年にはすべて75歳以上の後期高齢者になり、女性の労働参加率もすでに米国を上回るまで上昇しており、伸びしろは小さくなっています。

発展途上国が農村（農業）から都市（工業）への人口移動によって経済成長を実現し

ても、やがて農村の余剰人口が底をついて「中進国のワナ」に陥るという学説がありま す。提唱した経済学者の名前から「ルイスの転換点」と呼ばれています。日本の場合は 2010年代に高齢者と女性という労働参加率が低かったところから新たに供給された 労働力が経済を支えたわけですが、それが底をつく「ルイスの転換点」を迎えていると いうのが現在の人手不足の深刻な点です。

労働供給制約が経済を支配

残業時間規制の強化による「物流業の2024年問題」や「建設業の2024年問 題」が毎日のように報じられています。2024年を過ぎれば問題が緩和するように受 け取られがちですが、それは間違いです。人手不足は今後も厳しくなることはあっても、 緩和する可能性は低い「永遠の人手不足」であって、労働供給制約が支配する経済社会 になるということです。

その点を調査、分析してきたのがリクルートワークス研究所の古屋星斗主任研究員で す。産業別・地域別の労働需要と供給のギャップを試算し、『「働き手不足1100万人」の衝撃』（プレジデント社）という本にまとめました。タイトルは２０４０年の人手不足が１１００万人にのぼるという推計です。職種別にみると、すでに不足が表面化しているドライバー（輸送、機械運転、運搬）は２０４０年には「４人の仕事に３人しかいない」状態になるといいます。同様の水準の人手不足が起きるのが介護サービスです。

人手が足りないということは安価な人件費を前提としたビジネスが立ちゆかなくなるということです。２０２３年、２０２４年と大企業を中心に大幅な賃上げが実現したのは、中途採用の人材を確保し、人材のリテンション（引き留め）を強化する強い動機が働いているからです。デジタル化の投資に積極的になる理由もそこにあります。いかに少数の人員で付加価値の高いビジネスに集中するかが共通の経営課題になっています。

保育所、大学は過剰に

人手が足りなくなる一方で、既存の組織や施設が過剰になるという問題も発生します。たとえば、保育所です。２０１６年に「保育園落ちた日本死ね!!!」というＳＮＳの投稿で、待機児童の問題が大きくクローズアップされました。地方自治体は保育士の待遇改善や保育所の新増設などに取り組みましたが、予想を上回る少子化のスピードで厚労省は2025年に保育所の利用者はピークを打つとの見方を示しています。もちろん、大都市ではいまだに待機児童が多く、地域ごとの偏りがあるので問題が片付いたわけではありません。

「友だち100人できるかな」というフレーズで知られる「1年生になったら」という歌が流れたのは1966年でした。この当時、小学1年生は160万人いて1学年3～4クラスが普通でした。まさに同学年の友だちが100人いて不思議でなかったわけです。しかし、2056年の小学1年生の数は60万人強にとどまります。学校の数が減らない前提なら1学年1クラスで34、35人にすぎません。

少し脇道にそれますが、大都市も含めて児童や生徒数が減って学校の統合が進んでいるのに、保育所の適地が見つからないという行政の反応には疑問を感じます。保育所と学校、あるいは介護施設を統合して運用することがなぜできないのかと思うからです。

日本の行政組織は学校行政（幼稚園を含む）が文部科学省、保育所や介護施設が厚労省というタテ割りです。学校の施設管理者は校長で、そこに保育所や介護施設が加わると管理者をどうするかという問題になります。過去に投入した国からの補助金もタテ割りの役所に紐付いており、行政の効率化が進まない大きな要因になっています。

大学も淘汰の時代を迎えています。2022年時点の大学の入学定員は62万人ですが、文部科学省は2050年の国内の大学入学者が42万人に減り、現状のままだと、入学定員の3割が埋まらなくなるという試算を発表しています。こうした例は交番や診療所、銀行の支店、コンビニエンスストアなど枚挙にいとまがありません。上手に縮める「スマート・シュリンク」がキーワードになる時代については、この後の防災や街づくりの項でもう少し深掘りします。

3 社会保障と財政
現役世代の負担軽減が急務

人口減少と超高齢化で大きな負荷がかかるのが社会保障制度と財政です。社会保障は医療、介護、年金という社会保険料で支えられていますが、高齢化の進展に伴い、消費税収などから多額の税が投入されています。年金が典型ですが、現役世代の保険料が高齢者世代の年金支給に充てられる仕組みなので、高齢者と現役世代のバランスが崩れると現役世代の負担が重くなりすぎて世代間の不公平が発生します。それだけでなく、現役世代の負担が重すぎると個人消費が振るわず、経済活動も停滞しやすくなります。

2024年夏に1つの年金制度改革案が日の目を見ずに棚上げされました。厚労省は働く高齢者の増加を踏まえて、現在59歳までの年金保険料の納付を64歳まで延長する検討を進めていました。しかし、厚労省の審議会で当時の年金局長が「負担と給付はセットだが、保険料負担の増加だけを切り取った批判を一掃できていない。力不足をおわびしたい」と異例の先送り宣言をしたのです。

批判の1つは、保険料の納付期間を40年から45年に延ばすに際して、基礎年金の受取額が年10万円程度増えるものの、5年分の保険料の負担が約100万円に達し、低所得層には厳しいという声です。もう1つは、基礎年金の財源の半分を埋める一般会計からの投入が年1・3兆円増えるため、その財源確保が課題になるという点でした。選挙前の増税論は封印したい政府・与党の意向に逆らえなかったのです。ただ、誰かがどこかで決着をつけないといけない、しかも早めに取り組んだほうが緩やかな負担増で済むのにという問題は残ったままです。

ここでは詳細な社会保障制度の見直しのポイントまでは触れませんが、はっきりしていることがあります。2012年版の将来推計人口が発表された時の日本経済新聞の記事(2012年1月31日)にはこうあります。「1955年当時、日本は現役世代(15~64歳)11・5人で高齢者1人を支えていたが、2010年は2・8人まで減っている。『胴上げ型』から『騎馬戦型』になったのが今の状況。未来形はさらに厳しく、2060年には1・3人で支える時代に。『肩車型』の社会がやってくる」。

少子化の進行はこの記事の当時よりはるかに厳しくなっています。人口減少と超高齢化が避けられない現実に即せば、騎馬戦の上に乗っている人が下で支える側に回ること、それが肩車型で現役世代が押しつぶされない唯一の解決策でしょう。

「健康な高齢者」を担い手に

幸い、日本の平均寿命は世界でも指折りですし、日常生活を普通に過ごせる健康寿命も少しずつ延びています。日本老年医学会と日本老年学会は2017年に65歳以上としている高齢者の定義を75歳以上にすべきだという提言をまとめています。健康な高齢者が働き続けて、支給を受ける側でなく、保険料や税金を払い続ける側に回ることが打開策になるでしょう。

そのために必要なことがあります。高齢者の生活や経済事情は多様であり、高所得の人たちに負担を求め、生活に困窮する人たちをきちんと支援する仕組みを合わせて整備することです。マイナンバーで所得や資産をもっと正確に把握できれば、それはさほど困難な課題ではありません。

④ インフラ老朽化

コスト負担が更新の重荷に

私が人口減少による日本の未来を見た思いがしたのは、2024年元日に起きた能登半島地震の厳しい現実でした。目立ったのは、大規模な断水の長期化です。東日本大震災では1週間で約5割が復旧、熊本地震では1週間足らずで9割が復旧しましたが、石川県では珠洲市、輪島市、七尾市など多くの市や町のほぼ全域で断水が続き、復旧は3～5月にかけてでした。一部ではその後も断水が続きました。同年9月には追い打ちをかけるように水害に見舞われ、家屋や道路などに甚大な被害が出ました。

中山間地と都市部の違いもありますが、人口減少による水道の耐震化の遅れが響いたのです。主要水道管の耐震適合率は志賀町が10・4%、七尾市21・6%、珠洲市36・2%にとどまっていました。人口が減ると、水道インフラ維持のために水道料金を上げざるを得なくなりますが、改修の必要性はわかっていても耐震工事のコスト負担に耐えられないのです。

被災地の人口減少と高齢化は急激です。65歳以上人口の比率は珠洲市と能登町で50％を超え、輪島市と穴水町も40％台後半に達していました。輪島市は１９９０年に４万２８００人だった人口が、２０２３年には2万３５００人に減りました。世帯数が1桁の集落が約90も点在し、道路の寸断で救助や支援の手が届かなくなりました。家屋の倒壊や火災で多くの人命が失われました。全国平均が8割を超える住宅の耐震化率は、被災地の多くで5割を下回っていました。

「予防保全」は進むか

政府も手をこまぬいてきたわけではありません。高度成長期に整備した各種のインフラは50年が経ち、修繕・補修が必須の時期に来ています。２０１２年12月、中央高速道路・笹子トンネルで天井のコンクリート板が落下し、９人が死亡する事故が発生。これを機に内閣府はインフラ長寿命化計画を策定するようになりました。橋やトンネル、下水道、公営住宅などについて修繕率を公開しています。インフラが大きく損傷する前に

インフラの老朽化が加速する

主なインフラの修繕実施率

（%）

道路（橋・トンネル）	61
下水道	63
自動車道	42
公園	59
農業水利施設	46
漁港施設	49
福祉施設	39.3
医療施設	60
公営住宅	26
一般廃棄物施設	68.2

出所：内閣府資料。2022年度末時点

建設後50年経過する施設の割合

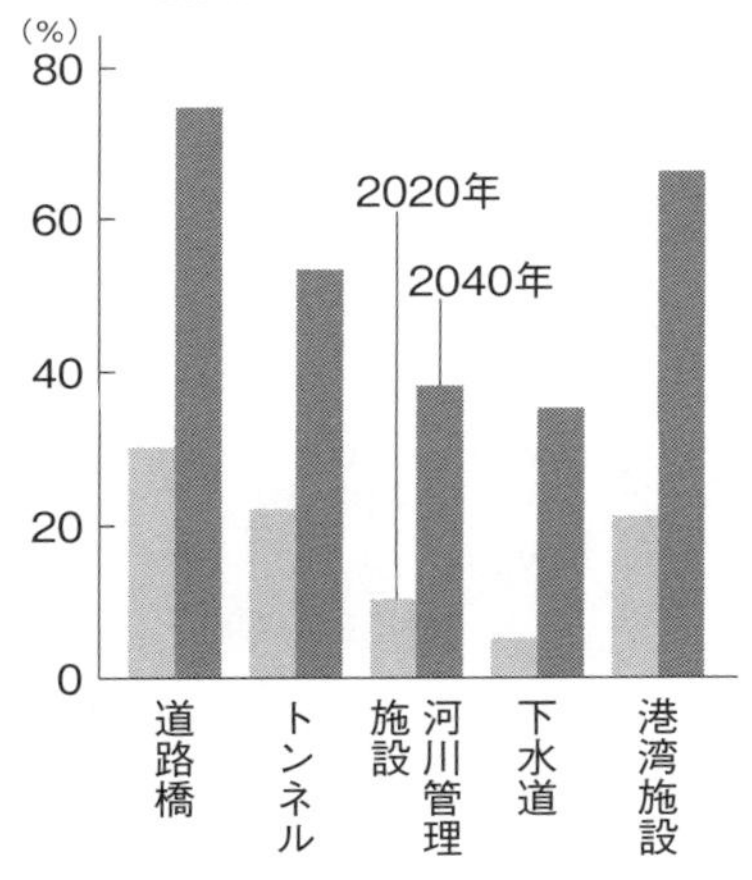

出所：2020年版国土交通白書

早めに改修や付け替えなどを行う「予防保全」はコストを小さくするためにも有効だといわれています。

50年後はまだ想像できる未来ですが、100年後はどうでしょうか。将来推計人口は参考値として、その姿も示しています。2023年版の推計人口は2120年の日本の人口を約5000万人と推計していますが、**出生率が反転上昇しない低位推計では3600万人まで減少します。人口規模でいえば明治期に逆戻りすることになります。**

私が最近取材で訪れた高知市では、そんな「縮む社会」を先取りする事例がありました。高知城歴史博物館には、大年表の最初に「白鳳の南海大地震により、約12平方キロメートルの田地が海中に沈むと伝わる」という記述があります。以後、高知は100～200年ごとに南海トラフの大地震に見舞われてきました。

高知駅から車で20分。山道を登り、標高約300メートルのこんもりした山の砂利道の先に地質調査会社「相愛」の7棟の木造社屋からなる本社があります。竣工は阪神大震災の1年後の1996年1月。30年近く経つのに自然に溶け込む姿は変わっていません。

「縮む社会」を生き延びる工夫

驚くのは上下水道がなく、井戸を掘って飲料水を確保し、合併浄化槽と蒸発散で排水を処理していることでした。建物の一部を斜面に埋め込み、地熱の効果で、冬暖かく夏は涼しいのが特徴です。津波の心配はなく、能登半島地震のように水に困ることもありません。この社屋を作った創業2代目の永野正展氏（高知工科大名誉教授）は、「奈良も何度も大地震に襲われてきたが、法隆寺は現存している。うちの社屋もそうなってくれたらいい」と話します。

京都大学経済研究所の森知也教授は2023年版の推計人口などを基に6大都市圏の2120年の人口の試算をまとめています。2024年8月時点の試算によると、東京圏は1860万人と現状の半分近くになり、大阪圏、名古屋圏はそれぞれ5割を割り込みます。これに基づく地価の予測（2020年=100）は全国平均が77、東京圏、大阪圏が63、名古屋圏は70、福岡圏は68に下落するといいます。

その時には過疎や高齢化は中山間地に限った話ではなくなります。大都市でもスプロール化が進む恐れがあります。神戸市は中心部でのタワーマンションの建設規制を導入しました。タワーマンションは目先は多くの人をひき付ける要因だとしても、中長期でみると商業・ビジネス街と住宅地のバランスのとれた都市計画の障害になると考えたからです。

5 世界の人口

「賢い縮小」が共通課題に

人口減というと悲観論とともにとらえがちですが、日本経済研究センターの小峰隆夫研究顧問は「人口減が悪いと考えるのは間違い。大事なのは1人当たりの幸福度が高まるかどうか。スマート・シュリンク（賢い縮小）を目指すべきだ」と話しています。なぜなら、もはや人口減少は日本だけの問題ではなく、世界の多くの国が直面する共通の課題であり、それを打開するイノベーションは大きな成長市場になるからです。

まず世界の人口動態をみてみましょう。国連は2024年版の「世界人口推計」で、世界の人口が2080年代に約103億人のピークに達した後、減少に転じるとの見通しを明らかにしました。

世界の人口上位10カ国

順位	2024年	2054年	2100年
1	インド (14億5100万人)	インド (16億9200万人)	インド (15億500万人)
2	中国 (14億1900万人)	中国 (12億1500万人)	中国 (6億3300万人)
3	米国 (3億4500万人)	パキスタン (3億8900万人)	パキスタン (5億1100万人)
4	インドネシア (2億8300万人)	米国 (3億8400万人)	ナイジェリア (4億7700万人)
5	パキスタン (2億5100万人)	ナイジェリア (3億7600万人)	コンゴ民主共和国 (4億3100万人)
6	ナイジェリア (2億3300万人)	インドネシア (3億2200万人)	米国 (4億2100万人)
7	ブラジル (2億1200万人)	エチオピア (2億4000万人)	エチオピア (3億6700万人)
8	バングラデシュ (1億7400万人)	コンゴ民主共和国 (2億3800万人)	インドネシア (2億9600万人)
9	ロシア (1億4500万人)	バングラデシュ (2億1900万人)	タンザニア (2億6300万人)
10	エチオピア (1億3200万人)	ブラジル (2億1500万人)	バングラデシュ (2億900万人)

出所：国連

2100年、中国の人口は半分に

著しい人口減に見舞われるのが中国です。2024年時点の14億1900万人から2100年には6億3300万人と半分以下に減ります。中華人民共和国の建国から間もない1957年以来の規模ですが、人口構造は全く異なります。57年当時は出生数が2700万人にのぼり、平均年齢（中央値）は20歳という「若い国」でした。2100年の出生数は310万人まで減り、平均年齢は60歳を超えます。

少子化が止まらず、経済や社会保障を支える働き手が減り、社会の活力が失われていくことになります。最近になって中国は定年の延長を決めましたが、医療、介護、年金などの社会保障制度が未成熟なだけに軍事力増強に巨額のカネを投じる余裕はないはずです。習近平指導部の対応が注目されます。

アジアでは韓国や香港の出生率がすでに1%を大きく割っており、東南アジアの国々も人口減少の陣営に続々加わってきます。人口で中国を抜いたインドも2060年代までは増加が続きますが、それ以降は減少に転じます。人口が増えるのはアフリカです。

２０２４年時点で15億人強の人口が２１００年には２・５倍の38億人に膨らみ、世界の4割弱を占めるようになります。

しかし、少子化はいまや地球規模で広がるメガトレンドです。２０２４年春に米ワシントン大学の保健指標評価研究所が英医学誌ランセットに発表した論文は、世界各国の急激な出生率の低下を予測しています。世界全体で人口置換水準を上回る国・地域は２０２１年に94ありましたが、２０５０年に49、２１００年には6に減ります。アフリカも人口減少の例外ではなくなるのです。

ライフラインをどう守るか

地球規模の出生率の大幅な低下は、経済発展に伴い、多産多死→多産少死→少産少死の段階を踏むという従来の常識のさらに先を行っています。英国の人口学者、ポール・モーランド氏は近著『人口は未来を語る』（ＮＨＫ出版）で「貧しい国々でも小家族が増え、平均寿命が長くなりつつある」と指摘しています。

それではスマート・シュリンクはどのように進めればいいのでしょうか。まず地方都市では都市機能の集中が必要になります。水道などのインフラを維持するには一定の人口密度が必要です。維持ができない小集落については井戸の利用や給水車も選択肢になるでしょう。

市役所など行政の拠点は市民の利便性を最優先に考えるべきです。病院やホール、商業施設などが集まる地区で民間施設に間借りするのも一案でしょう。議会の議場を単独で維持するにもコストがかかりますから、ホールなどを共同利用することが考えられます。医療もリモート診断の比重が高まります。

最後は移動手段が問題です。自動運転車の普及がライフラインを守るために不可欠の条件になると思われます。日常的にドローンによる配達ができないと生活ができなくなります。コンパクト・シティーといわれて久しいですが、その間に本来、水害対策でいえば住宅開発をしてはいけない土地に宅地を増やしてきたツケが表面化しています。賢く縮めることは災害から身を守る都市づくりにつながります。日本には人口減のトップランナーとしてこうした課題に取り組む責務があるといえるでしょう。

第6章

地政学を読む

この章では世界経済に大きな影響を与える地政学を取り上げます。地政学は国ごとの地理的条件や人口動態、権力構造などの分析から、紛争や戦争の可能性を考え、それを未然に防ぐ学問です。ウクライナや中東での戦闘シーンには目を背けたくなりますが、国際政治を動かす中国、米国、ロシア、中東各国などの歴史を押さえ、今日に通じる「行動原理」や「世界観」を導き出そうと思います。

1 中国と「反日」

共産党統治の「正当性」を誇示

2022年2月に始まったロシアのウクライナ侵攻は、国連安保理の常任理事国が隣国に戦争を仕掛けるという暴挙として歴史に刻まれました。翌2023年10月のイスラム組織ハマスによるイスラエルへの攻撃は、反撃するイスラエルの軍事作戦で多数の死者を生み、中東の安定を脅かしています。日本周辺でも中国の人民解放軍などの動きが活発化しています。混迷する世界はどこに向かい、経済にどんな影響を与えるのでしょうか。

地政学は日々の暮らしに少し縁遠いと考える人も多いかもしれません。しかし、そんなことはありません。

たとえば、日本は東日本大震災による東京電力福島第一原子力発電所の事故で大量に発生した処理水について海洋放出を始めましたが、中国は「汚染水」とレッテルを貼り、非難しています。国際原子力機関（ＩＡＥＡ）が放射性物質の除去によって無害であるというお墨付きを与えているにもかかわらずです。

説明しない姿勢が憶測を生む

中国が日本の海産物を禁輸としたため、それまで中国の加工場で殻をむき、中国国内や米国向けに出荷していた北海道などのホタテ業者が大打撃を受けました。また、アステラス製薬の中国駐在幹部が２０２３年春に突然、拘束され、その後、起訴されました。起訴時も「スパイ活動に関与した疑いがある」としか伝えられず、現地の日本企業に衝撃が走りました。理由がわからずに拘束、起訴される社会で正常なビジネスができるかどうか、日本から社員を派遣するリスクをどう考えるかという問題を突きつけられたからです。

中国側が詳細を説明しない姿勢は深圳で現地の日本人学校に通う小学生が襲撃されて亡くなった事件でも同じでした。反日教育によって「日本人学校はスパイ養成学校だ」

というデマがSNSなどで広がっていました。事件が起きた日が満州事変のきっかけとなった柳条湖事件が発生した「国恥日」だったことも、犯人の動機が反日テロにあったのではないかと憶測する理由になりました。中国側は「個別の事案」としか説明していません。

なぜ習近平指導部は反日世論を沈静化せず、「汚染水」といったレッテル貼りでむしろ反日をあおるような対応を続けているのでしょうか。それは習氏が2012年11月に中国共産党総書記に就任した前後に遡ることで推察できます。

同年8月に香港などの親中活動家が尖閣諸島に上陸して逮捕され、強制送還されました。中国本土では反日デモが相次ぎ、民主党政権の野田佳彦首相（当時）が9月に尖閣の国有化を閣議決定すると、日本製品の不買運動や現地の日本企業を狙う破壊活動がピークを迎えたのです。パナソニックの電子部品工場に暴徒が乱入し、放火で全焼したトヨタの店もあったといいます。青島のジャスコ（現在のイオン）の店舗は閉店中にもかかわらず、3000人のデモ隊に囲まれ、窓ガラスが壊され、商品を略奪されました。

この時、共産党総書記就任が確実視されていた習国家副主席は、訪中したパネッタ米国防長官に日本による尖閣諸島の国有化を「茶番だ」と評し、「日本は行動を抑制し、中国の主権や領土保全を損なうような言動を止めるべきだ」と語ったといいます。中国によるレアアースの対日輸出が事実上止まり、日本が世界貿易機関（WTO）に提訴する事態も起こりました。中国が二国間関係で圧力をかける時に使う、「経済的威圧」はこの時点ですでに始まっていました。

習体制で相次ぐ「記念日」制定

習体制に移行した中国は相次いで抗日戦争に関連した記念日を制定します。2014年2月の全国人民代表大会（全人代）常務委員会で、日本が降伏文書に署名した翌日の9月3日を抗日戦争勝利記念日、12月13日を南京大虐殺犠牲者国家追悼日に指定しました。さらに、同年8月には9月30日を烈士記念日とすることも決定しました。

中国共産党にとって、抗日戦争を戦い抜き、日本の侵略から国土と人民を解放したのが共産党であることを知らしめる狙いがあります（ちなみに、終戦の1945年時点で国際社会における中国の代表者は中華民国の蒋介石総統でした)。抗日戦争勝利記念日の決定について全人代常務委員会はこう説明しています。

「中国人民の抗日戦争は、中国人民が日本帝国主義の侵略に抵抗した正義の戦争であり、世界の反ファシズム戦争の重要な構成部分であり、近代以降、中国が外敵の侵入に抵抗し、初めて完全な勝利を収めた民族解放戦争である。中国人民の抗日戦争における勝利は、中華民族が振興に向かう大きな転換点となり、民族の独立と人民の解放を実現するために重要な基礎を築いた」

習指導部が発足して3年足らずの間に、日中戦争に関連して3つの記念日を制定し、記念行事などを行うことにしたのは習氏自身の意向抜きには考えられません。つまり、抗日戦争の勝利は共産党にとって統治の正当性を裏付ける極めて重要な背景であり、それが戦争当時の日本軍の残虐行為をことさらに強調する反日教育につながっているわけです。

2 中国共産党

「党主任」は「大臣」より格上

ここで中国の統治機構についておさらいしておきましょう。日米欧などの民主主義国家と大きく異なっていることを知る必要があります。

まず中国共産党です。党員数は９９００万人を上回り、１億人を超えるインド人民党に追い抜かれるまでは世界最大の政党でした。その頂点が習総書記で、その下に現在は習氏を含む７人で構成する中央政治局常務委員会があります。事実上の最高意思決定機関ですが、習体制で権力の集中が進み、人数もバランスを重視した９人から７人に減りました。常務委員会を支える中央政治局のメンバーについては、２０２２年秋の人事で24人の政治局員を選出しました。女性は１人もおらず、習氏との距離の近さで選ばれたイエスマンが多いと指摘されています。

中国の統治機構

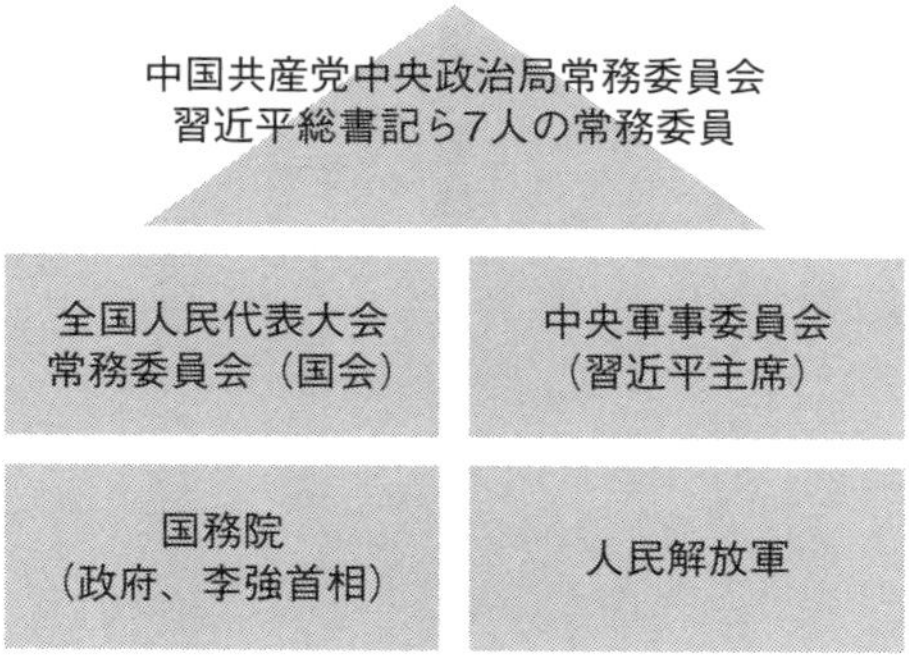

中国共産党中央政治局常務委員会
習近平総書記ら7人の常務委員

全国人民代表大会
常務委員会（国会）

中央軍事委員会
（習近平主席）

国務院
（政府、李強首相）

人民解放軍

日本の新聞やテレビは通常、習氏の肩書を元首にあたる国家主席としていますが、そこには誤解が生まれやすいポイントがあります。

「国家主席」は儀礼的ポスト

習氏は共産党のトップであるだけでなく、共産党の軍である（政府の軍ではない）人民解放軍の中央軍事委員会主席として最高司令官の立場でもあります。一方、党の下で国会にあたる全国人民代表大会（全人代）の代表者は全人代常務委員長です。政府にあたるのは国務院です。全人代常務委員会は国務院と最高裁判所にあたる最高人民法院を監督し、憲法を改定する権限も与えられています。現在、国務院トップの首相は党内序列2位の李強氏が務め、序列3位の趙楽際氏が全人代常務委員長に就いています。

国家主席はドイツの大統領のような象徴的、儀礼的なポストであり、権力の源泉は共産党のトップである中央政治局総書記にあります。実際、習氏が総書記に就任したのは2012年11月でしたが、国家主席に就任したのは2013年3月の全人代でした。国家主席は1期5年で2期までと憲法で任期を定めていたのですが、2018年の全人代での任期は廃止されました。

民主主義国家では最上位に憲法があり、その下で政府、議会、裁判所という3権が独立しています。しかし、中国ではまず共産党があって、その下に軍や議会、政府、裁判所、憲法があるのです。

日本の大臣に相当する外交部長（外相）や財政部長（財務相）も、共産党の指導方針に従わなければなりません。2024年10月時点の外交部長は駐日大使の経験もある王毅氏ですが、同時に党の中央外事工作委員会弁公室主任を兼務しています。序列でいえば党の「主任」は外交政策全般を統括する立場であり、国務院の「大臣」より格上になります。

習体制に関する報道では「国家安全」という言葉がよく使われます。「景気てこ入れより国家安全を重視」といった文脈です。その場合の国家は共産党とほぼ同義です。共産党による統治の正当性や権威を高めることが、政治や社会の安定につながるというものです。

海警法改正に表れた意思

直接的な国家安全の追求は2021年2月に施行された海警法の改正に表れています。海警局はもともと日本の海上保安庁に相当する海上の法執行機関でしたが、2018年に人民武装警察部隊に組み込まれ、党の中央軍事委員会直轄の「第2海軍」に変わったのです。海警法は領海を守るために、それを侵す外国の艦船などを、武器を使用して排除できると明記しました。南シナ海ではフィリピンと紛争を起こし、尖閣諸島周辺でも中国による領海侵犯が相次いでいます。

こうした共産党の権限強化は軍事分野だけではありません。2023年3月の日本経済新聞は北京発で「治安、金融、ハイテクも共産党直轄に」というニュースを伝えました。「国務院が担ってきた治安維持や金融監督などの権限を実質的に共産党に移し、台湾有事に向けて兵器製造に欠かせない半導体の調達体制や資金面の備えを急ぐ」とあります。それまで国務院のテクノクラートが専門性の高さを生かして進めてきた政策についても、共産党が直轄統治するようになってきたわけです。

③ 中国経済

色褪せた改革開放路線

ここで中国の歴史と習体制の関係を押さえ直します。

２２３ページのグラフは英国の経済学者、アンガス・マディソンの『世界経済史概観』（岩波書店）から抜き出した世界のＧＤＰのシェアの推移です。１８２０年はアジアのシェアが６割近くを占めますが、この当時は清が世界最大の経済大国でした。ところが、欧州列強がアジアの植民地経営に乗り出し、１８４０年に清はアヘン戦争で英国に敗れ、42年に香港を割譲します。中国にとっては屈辱の１００年の始まりでした。１８９４年に始まった日清戦争にも敗れ、下関条約で遼東半島や台湾の領有権を日本に割譲しました。１９００年の義和団事件では、北京や天津などに外国軍隊の駐留権を認めることになり、領土が蚕食されていきました。

1820〜2030年 GDPの地域別割合（%）

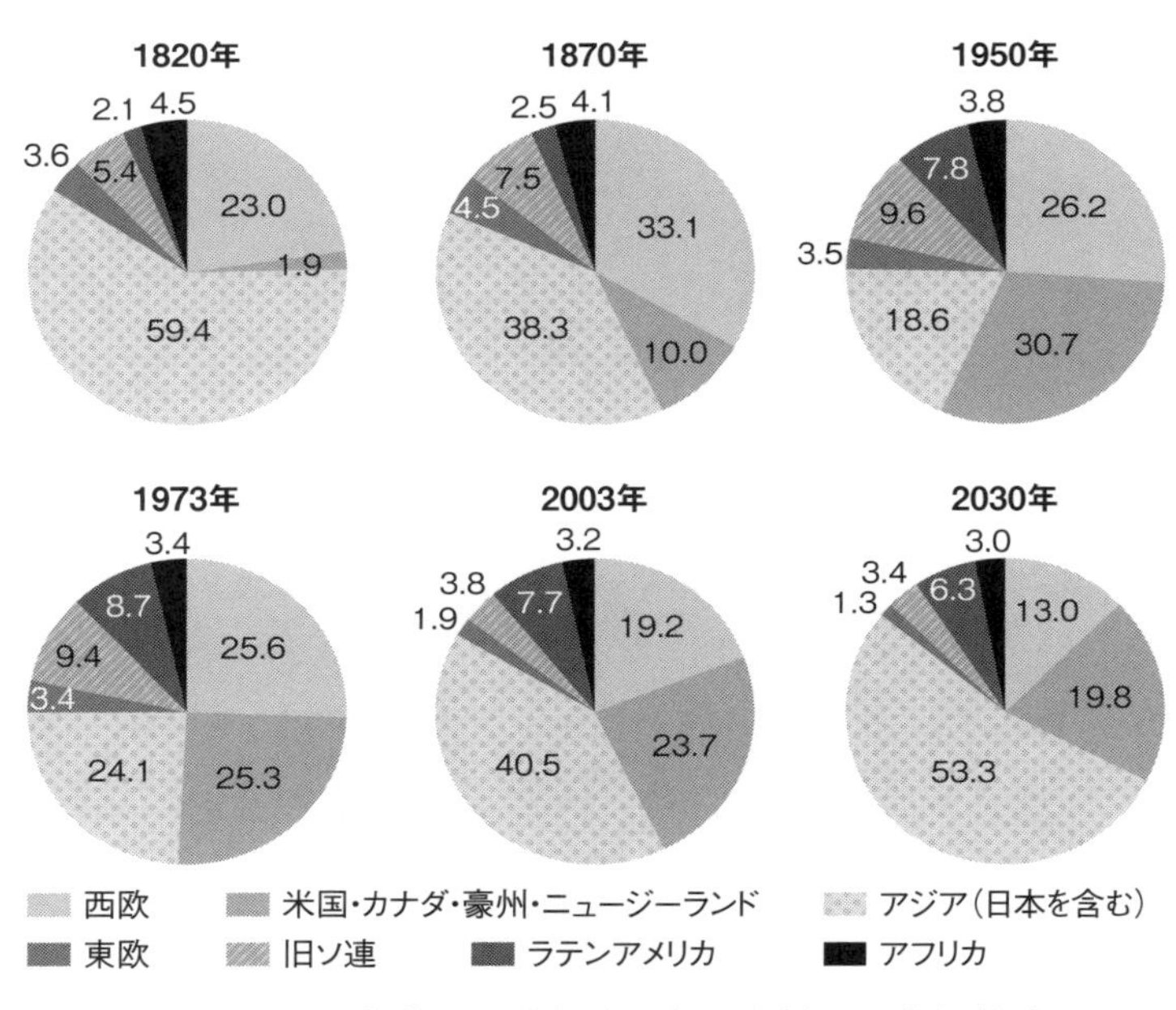

※アンガス・マディソン著『世界経済史概観』（岩波書店）より著者が作成

その後、1931年の満州事変をきっかけに日中戦争に突入します。45年8月の日本のポツダム宣言受諾後は、国民党と中国共産党の内戦が勃発しました。49年、中国共産党は国民党を台湾に追いやり、中華人民共和国を設立します。

これ以降、建国の父である毛沢東独裁の下で経済的な低迷が続きました。農作物と鉄鋼の増産を目標に掲げた、1950年代後半から60年代前半の「大躍進政策」は失敗し、3000万人にものぼる餓死者を出したといわれています。西側との関係改善に迫られた中国は72年2月にニクソン米大統領の訪中を実現し、同年9月には田中角栄首相の訪中で日中国交回復を果たしました。前出のGDPのグラフで、20世紀にシェアが低迷した中国経済は2000年代に急拡大し、2030年には1820年に迫る予測があったのです。

習氏は「中国の夢」を追う

中国の近現代史を駆け足で振り返ったのは、そこに習氏が自ら任じる役割があるからです。総書記就任後の2012年11月に「私は中華民族の偉大な復興という夢が実現することを固く信じている」と強調しました。いわゆる「中国の夢」です。1840年代以降の屈辱の歴史を塗り替えるべく、米国に追いつき追い越せで最強の国家を建設するという決意表明だったのです。

しかし、ここにきて中国経済は大きな屈折点に直面しています。最初はコロナ禍で強力なロックダウンを継続したことが原因でした。

2020年1月、湖北省武漢市でのアウトブレイク（感染爆発）に端を発した新型コロナの感染拡大に、中国は感染者を隔離し、周辺住民に徹底した検査の実施と外出禁止を行うという対応を取りました。ゼロコロナ政策で自国の優位性を示そうとしたのですが、2022年12月にはその全面転換を迫られました。前月に新疆ウイグル地区のマンション火災で感染対策のために逃げ道をふさがれた住民10人が焼け死ぬ事件があり、これに憤った市民が白紙を掲げる抗議運動を繰り広げたのです。また、長期のロックダウンは多くの店や工場を閉鎖に追い込みました。

そして、もう1つの要因は不動産バブルの崩壊です。もとはといえば、習指導部が不動産価格の上昇でカネ儲けに走る風潮に危機感を抱き、日本のバブル崩壊でもダメ押しの一手になった不動産融資規制を導入したのがきっかけでした。

不動産関連は中国のGDPの3割を占めるといわれる経済成長の柱です。マンションは完成前にローンを組んで支払いをする慣行があり、建設途中のマンションが資金ショートで放置される事例が相次いでいます。住宅が売れなくなれば家具や家電製品も売れなくなり、ローンの支払いに苦しむ家計は消費に回す余裕資金がなくなります。若者の失業率も大きく上昇しています。これが個人消費低迷の原因です。

経済不振で消えた「共同富裕」

中国の地方政府は土地の利用権を開発業者に売却して、財政収入の柱としてきましたが、それも失われました。地方公務員は突然減給されたり、給与の代わりに地方債を渡されたりという話もあります。習指導部は富裕層は社会全体に貢献すべきだとして、寄付を促す「共同富裕」という理論を掲げましたが、経済不振に直面してそうした発言は聞かれなくなりました。

中国の経済的な躍進をリードしてきた改革開放路線は色褪せています。民間企業の活力を取り入れ、国有企業の改革を促す機運は失われました。1990年代から2000年代に進んだ「民進国退」から、習体制下で「国進民退」への転換が起きたのです。2024年秋になって、ようやく中国人民銀行の利下げや国有銀行への公的資金の注入、民間企業の支援といった方針が示されましたが、対策が後手後手に回って、バブル崩壊後、長期不況に突入した日本の二の舞を避けられるかどうかは予断を許しません。

一時は2030年代初めに中国の名目GDPが米国を追い抜くという予想もありましたが、そのハードルは相当上がっています。今後は人口減少や高齢化による社会保障負担なども国家財政の重しになります。軍事予算を拡大し続ける余裕はないはずですが、それはあくまで外からの見方です。最高指導者がいったん掲げた方針を修正することがいかに難しいか、コロナ対応にしても不動産不況への対応にしても権力集中の弊害が目立ちます。経済の見通しが楽観できないから、むしろ「台湾有事」が早まる、という見方があることも忘れてはなりません。

台湾有事

現実味帯びる「海上封鎖」

目下、世界経済が抱える最大の火種は台湾有事です。日本でも政治家が参加して行われている机上演習では、レーダーやミサイル基地の空爆、複数拠点からの揚陸艇による上陸などの手順を想定していますが、**最近では直接の武力行使をできるだけ控える海上封鎖を有力視する声が多いようです。**

中国による台湾周辺の大規模な軍事演習は2022年8月、2024年5月、10月と続いており、10月は海警局の艦船が4つの編隊を組み、台湾の周囲を航行しました。これまでの演習で周辺海域を隙間なく埋めていることも中国が海上封鎖を意識していることの表れだと指摘されています。

2024年1月にブルームバーグ・エコノミクスが公表した試算は、戦争が行われる場合（ケースA）と台湾の海上封鎖が行われる場合（ケースB）について、それぞれがGDPに与える影響などを示しています。

ケースAで失われるGDPは台湾が40％、中国が16・7％、米国が6・7％、世界全体が10・2％に達します。世界全体への影響はリーマンショック（5・9％）や新型コロナウイルスショック（5・9％）を大きく上回ります。海運への打撃や半導体供給が止まる影響は韓国や東南アジア諸国連合（ASEAN）でも大きく、日本も中国ほどではありませんが、GDPに13・5％の押し下げ圧力がかかります。一方、ケースBで失われるのは台湾が12・2％、中国が8・9％、米国が3・3％、全世界が5％という結果です。

楽観論にとらわれた米国

それにしても、米中対立はここに至るまでに回避の道はなかったのでしょうか。対立が続いた理由の一端は、米政府で対中政策立案に関わっていたマイケル・ピルズベリー氏が2015年に著した『100年マラソン』（邦題『China 2049』、日経BP）から読み取れます。

同書は、ニクソン訪中以来の米政権の対中政策が、中国が経済成長すれば政治体制も民主化、自由化に向かうとみる「関与政策」という楽観論にとらわれていたと指摘しています。しかし、現実はそうはなりませんでした。習氏にとって100年マラソンは自らが表明した「中国の夢」を実現する長距離走なのです。鄧小平時代の外交方針は「韜光養晦（とうこうようかい）」といわれていましたが、「才能を隠して、内に力を蓄える」というこの外交方針はすでに影も形もありません。

2013年6月、訪米した習氏はオバマ大統領に対し、「新しいタイプの大国関係」を提起しました。私はあるASEAN首脳と懇談する機会があり、習氏の印象を聞いたことがあります。すると、その首脳は「習氏はトップに就任する前から米国中心の世界秩序に代わる、『新しい秩序』を作りたいと話していた」と教えてくれました。

それまでの中国の政治指導者と明らかに違う習氏の登場は、米国にとって従来の「関与政策」の転換を促すものだったはずですが、オバマ政権の反応は鈍いものでした。その証左が南シナ海での岩礁の埋め立てです。2013年から2015年にかけて、中国は急ピッチで埋め立てを進め、現在では滑走路などを整備した基地に変わろうとしています。

「中国製造2025」が転機に

米国内で急速に警戒論が高まったのは、習指導部が2015年5月に発表した「中国製造2025」がきっかけでした。2025年までに世界の製造強国の仲間入りを果たすとし、次世代情報技術や新エネルギー車など10の重点分野と23の品目を設定しました。そして、建国100年を迎える2049年には「世界の製造強国の先頭グループ入り」を目指すと宣言しています（実際に多額の補助金をつぎ込んで国内市場を育ててきた電気自動車（EV）は、その競争力を生かして輸出攻勢を強めています）。

米国が過去との決別を宣言したのは、トランプ政権下の2018年10月、ペンス副大統領が保守系シンクタンクのハドソン研究所で行った次のような演説でした。

「ソ連の崩壊後、我々は中国の自由化が避けられないと想定した。楽観主義をもって中国に米国経済への自由なアクセスを与えることに合意し、世界貿易機関（ＷＴＯ）に加盟させた。中国での自由が経済だけでなく、政治的にも拡大することを期待してきた。しかし、その希望は満たされなかった」

「経済の自由化が中国を我々や世界とのより大きなパートナーシップに導くことを期待していたのだ。しかし、中国は経済的な攻撃を仕掛けることを選び、自らの軍事力を強化した。歴代政権は中国の行動をほとんど無視してきた。その結果、中国に有利になってきた。そうした日々はもう終わった」

台湾有事については２０２４年1月に米戦略国際問題研究所（ＣＳＩＳ）が興味深いアンケート結果を公表しています。米国と台湾の専門家それぞれに台湾有事の可能性を聞いているのですが、台湾を全面的に侵攻できると考えるかという質問には「非常にそう考える」「ややそう考える」と回答した米国の専門家は27％、台湾の専門家は17％にとどまりました。しかし、中国が台湾の貿易ルートを臨検によって遮断できるかどうかについては、米国の専門家91％と台湾の専門家63％が「できる」と回答、中国が軍事力を用いて台湾周辺の移動を全面的に遮断できるという回答もそれぞれ81％と60％に達しました。

今後、長く続く米中の覇権争いはまだ始まったばかりです。

5 ウクライナ侵攻
背景に「ロシアと一体」の歴史観

2022年2月に始まったロシアによるウクライナ侵攻は、ロシア軍とウクライナ軍の泥沼の消耗戦の様相を呈しています。米紙ウォール・ストリート・ジャーナルは2024年9月に双方の死傷者は100万人を超えると報じました。経済的打撃は当事国にとどまらず、エネルギーや一次産品の価格が軒並み上昇したために、日本も含む世界は1970年代以来のインフレの嵐に襲われました。

インフレは鎮静化に向かっていますが、情勢は予断を許しません。ロシアの侵攻を放置したままでは、国際社会が力による現状変更を容認することになり、台湾情勢にも影響しかねません。「なぜロシアはウクライナに侵攻したのか」「なぜロシアは西側の経済制裁を受けているのに戦争を継続できるのか」「停戦の糸口はどこにあるのか」――。ここでは、この3つの疑問について順を追って答えを出していきます。

プーチン論文で語られたこと

まずロシアがウクライナに軍事侵攻した理由です。ロシア専門家が疑問を解くカギとして注目するのが、プーチン大統領自身が２０２１年7月に発表した「ロシア人とウクライナ人の歴史的一体性について」という論文です。冒頭で「歴史的、精神的に１つの空間に属するロシアとウクライナの間に近年、壁が生じた。これは我々共通の不幸であり、悲劇だ」と強調しています。論文の中身に触れる前に、在ウクライナ日本大使館のホームページからウクライナの歴史を遡ってみましょう。

ウクライナが世界年表にはっきりした記述で出てくるのは、8世紀末に設立されたキエフ・ルーシ（キエフ公国、現在のキーウが首都）です。９８8年にはギリシャ正教を導入し、ビザンチン帝国に並ぶ大国になったのですが、モンゴル軍の侵入で崩壊し、公国の中心はモスクワに移ります。

その後はポーランド領になりましたが、17世紀にそれに抵抗するコサック集団がロシア皇帝に保護を求め、ロシアはポーランドと闘い、ウクライナにドニエプル川左岸やキエフの自治を認めたのです。ただ、それは長く続かず、18世紀後半には完全にロシア領になります。1917年のロシア革命と1922年のソビエト社会主義共和国連邦の創設でウクライナはソ連邦を構成する共和国の1つとなります。ソ連時代、ウクライナはロシアに次ぐ第2の共和国として経済、人材の面でソ連邦を支えました。

プーチン論文はウクライナが語源からして「境界領域」のことだと指摘し、キエフ・ルーシの時代からロシアと一体だと強調しています（この語源の解釈には疑義もあります）。18世紀以降はソ連邦に入るまでロシア領でした。後年、ソ連がペレストロイカで崩壊し、ウクライナは独立国になりますが、**ソ連時代に拡張したウクライナの領土はもともとロシアに帰属すべきものだと主張しています。**つまり、ウクライナという国家がロシアから独立して存在する理由を歴史の文脈で否定したのです。

NATO拡大に強い危機感

ウクライナ侵攻の2つ目の理由は、北大西洋条約機構（NATO）の東方拡大に対するロシアの危機感です。プーチン大統領はウクライナ侵攻の前日にロシア国営テレビで演説し、米国などをこう非難しています。「NATOが1インチも東に拡大しないと我が国に約束したこともそうだ。繰り返すが、だまされたのだ。俗に言う、見捨てられたということだ」。

「1インチの約束」という根拠は1990年に米国のベーカー国務長官とソ連のゴルバチョフ書記長の会談でベーカー氏が表明したといわれていますが、文書は残っておらず、ソ連崩壊直前の混乱した時代のやりとりを、プーチン氏が後講釈で「だまされた」と誇張しているようにみえます。現実にはソ連崩壊の後、衛星国だったポーランド、ハンガリー、チェコ、さらにブルガリア、ルーマニア、バルト3国（エストニア、ラトビア、リトアニア）などが相次いでNATOに加盟します。さらに皮肉なことには、ウクライナ侵攻後にフィンランドが加盟し、ロシアがNATOと接する国境は長大になったのです。

3つ目の理由は「ミンスク合意」にあります。ウクライナは1991年に独立しますが、その後のウクライナ政権は親ロシアと親欧米の間で揺れ動きます。2004年の大統領選では不正選挙をきっかけにした「オレンジ革命」で、親欧米のユーシチェンコ大統領が誕生しました。

しかし、ユーシチェンコ氏は内紛によって国民の支持を失って政権を去り、同氏に大統領の座を奪われたヤヌコビッチ氏が2010年の大統領選に勝利します。ヤヌコビッチ大統領は親ロシア派住民が多いウクライナ東部の出身で、ロシアの黒海艦隊がクリミア半島に駐留する権利を延長するなど、プーチン大統領寄りの政策を進めます。

2013年にウクライナは欧州連合（EU）との自由貿易協定（FTA）に仮調印しますが、ヤヌコビッチ氏はロシアの反発を見越して正式調印を見送り、これが反政府デモの高まりにつながります。ヤヌコビッチ大統領がデモの高まりで国外脱出し、政権は親欧米派のポロシェンコ大統領が握ることになります。

禍根を残した玉虫色の合意

こうした動きはロシアの危機感を高めました。親ロシア派住民の抗議運動に火がつき、それに乗じてロシアが軍事介入に乗り出します。クリミア半島は親ロシア系住民が主導する住民投票で、ロシア編入に賛成する投票が多数になったとして、住民の保護を名目にロシアが軍事介入したのです。クリミア半島だけでなく、ウクライナ東部のドンバス地域でも親ロシア派の武装勢力が蜂起します。ロシアは「義勇兵」を派遣し、ウクライナ政府軍との戦闘が始まりました。

ロシアの軍事介入とウクライナの政情不安に対し、西側は停戦協議に乗り出します。ロシアとウクライナ、ドイツ、フランスの首脳が２０１５年2月にベラルーシの首都ミンスクでまとめたのが「ミンスク合意」です。ロシアを後ろ盾とする親ロシア派武装勢力とウクライナ軍による戦闘の停止など和平に向けた道筋を示しました。

合意実行に向けて争点となったのが、親ロシア派武装勢力が占領するウクライナ東部の2地域に幅広い自治権を認める「特別な地位」を与えるという内容です。ウクライナは事実上のロシアによる実効支配につながると警戒し、ウクライナ国内では合意そのものがロシアに有利な内容との不満も出ていました。こうした玉虫色の決着がロシアがウクライナ侵攻に踏み出す伏線となったのです。

対ロシア経済制裁

資源輸出が大きな抜け穴に

ロシアのウクライナ侵攻後、ウクライナ軍は首都キーウに迫るロシア軍を撃退し、東部戦線でも一時は有利に戦闘を進める展開となりました。米欧諸国はロシアに対する経済制裁を発動し、一時はロシア経済を世界から切り離すことに成功したかにみえました。欧州はエネルギー調達の根幹をなしていたガスパイプライン「ノルドストリーム１」からの天然ガス輸入を打ち切り、ロシアの銀行を国際銀行間通信協会（ＳＷＩＦＴ）のドル決済網から締め出すことで、貿易決済もできないようにしたはずだったのです。ところが、そうはなりませんでした。

軍事侵攻が始まった２０２２年の実質経済成長率はロシアのマイナス０・５％に対し、ウクライナはマイナス28・７％、輸出の増減率はロシアのマイナス８・３％に対し、ウクライナはマイナス43・７％に達しました。西側の経済制裁が浸透した２０２３年こ

ロシアの実質経済成長率と輸出の伸び（%）

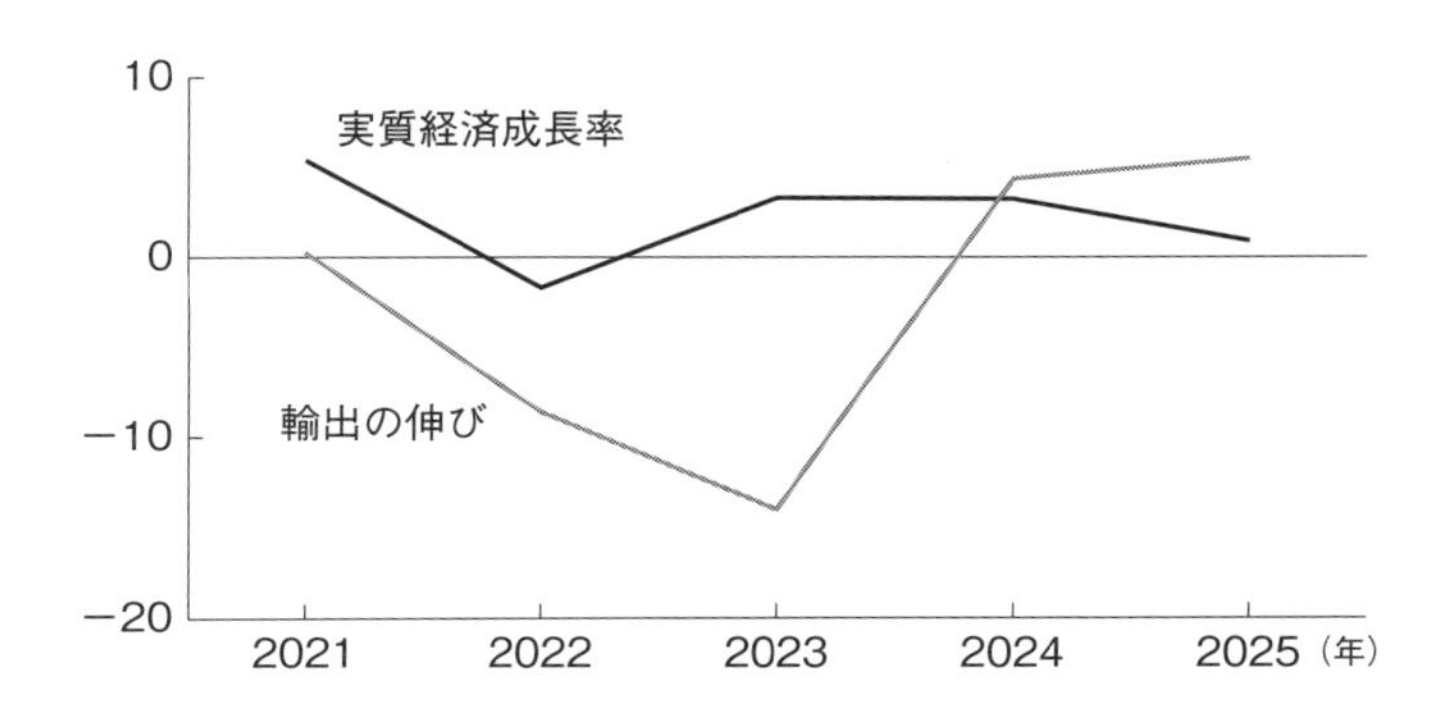

ウクライナの実質経済成長率と輸出の伸び（%）

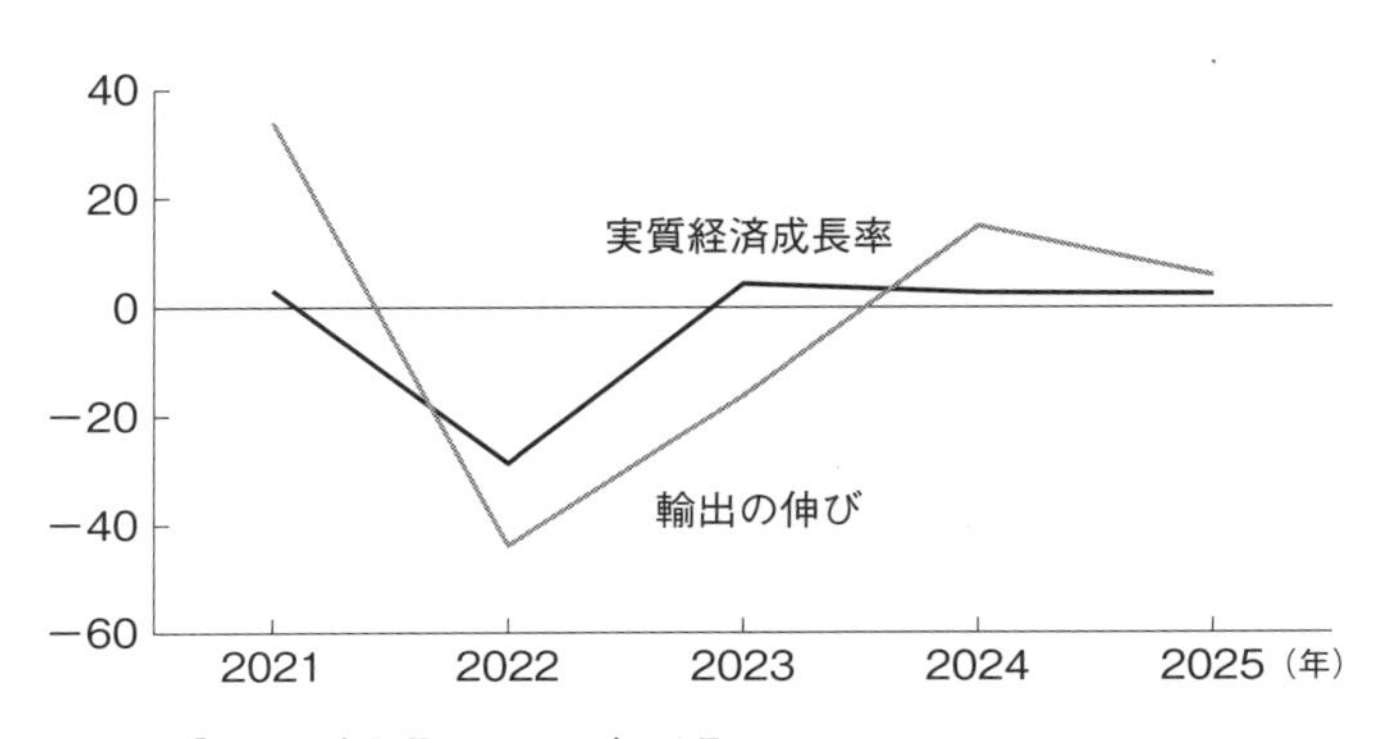

出所：IMF「世界経済見通し」2024年10月

そロシアの輸出はマイナス13・8％とへこみましたが、その後は回復し、成長率にいたっては２０２３年以降、３％台に回復しているのです。

インド原油輸入の3割はロシア産

ロシア経済を支えているのは西側の経済制裁に加わっていない国への資源輸出です。圧倒的に増えたのがインド向けの原油輸出です。ウクライナ侵攻の前の２０２２年1月にはゼロだったインドのロシア産原油の輸入は、２０２３年7月に日量１９９万バレルを記録し、この年の全体の輸入量の3割を占めるまでになったのです。中国もロシア産原油を安く調達していることで知られます。しかも、インドや中国などで精製された航空燃料などの石油製品が欧州に輸出されるという事実上の制裁逃れも拡大しているといいます。

また、天然ガスは原油と違い、欧州各国は禁輸にしていません。物価に与える影響が大きいため、代替資源が見つかるまでは禁輸にできない事情があるのです（日本もサハリン1からの液化天然ガスの輸入は続いています）。

インドのロシア産原油の輸入量、輸入割合の推移

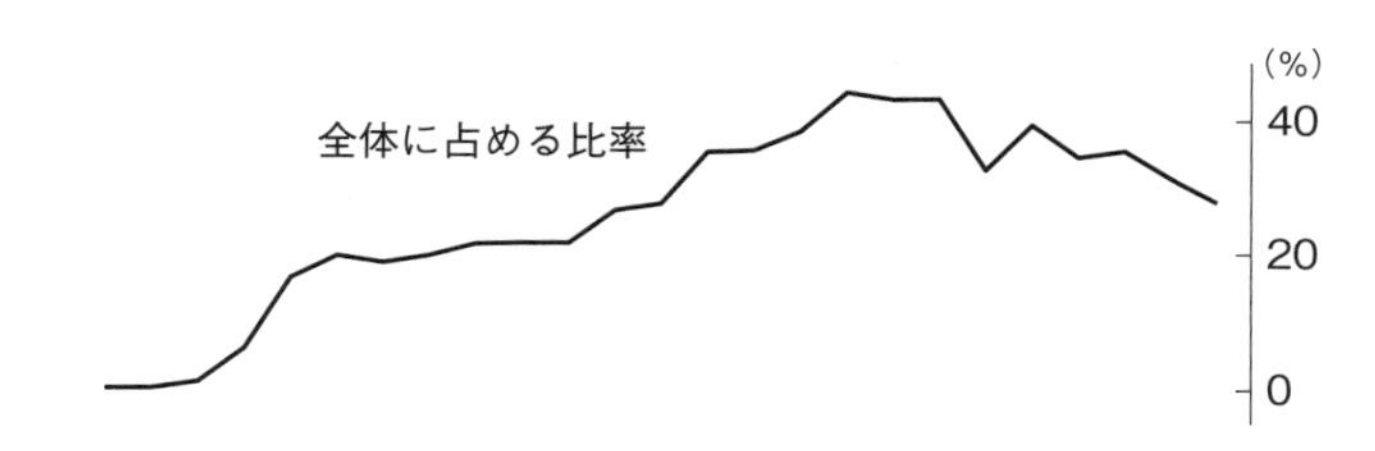

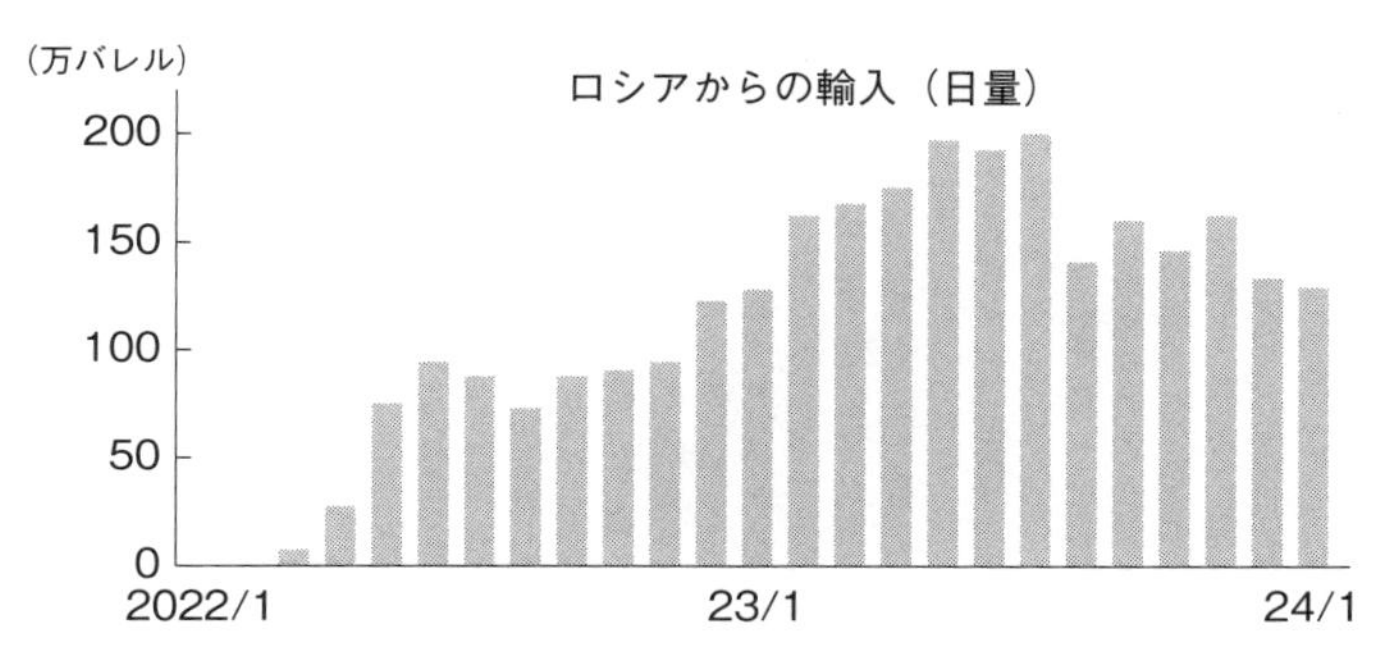

出所：ボルテクサ

ロシア向け輸出については武器に転用される可能性のある部品などが禁輸になり、日本の新車はもちろん、中古車も600万円を超えるものについては禁輸扱いです。しかし、中古車も第三国経由でロシアに流れているものが相当あるとみられています。中国は武器を直接ロシアに輸出することは否定していますが、民生品の部品が活用されているとの見方は絶えません。

ロシアは軍事予算を2025年に前年比25％増の20兆円余りに増やす計画だと報じられています。予算全体に占める比率は32％にのぼります。プーチン大統領をはじめとする大統領府の給与を1割カットする経費節減も実施しています。戦争を継続する能力が突然衰える事態は当面、考えにくい状況です。

停戦の糸口

国際社会の足並みそろわず

ロシア側の継戦能力がしばらく維持されるとすると、停戦の糸口をみつけるのは簡単ではありません。ウクライナのゼレンスキー大統領は停戦の条件として、クリミア半島を含む領土の全面回復を求めており、ロシアに歩み寄る気配はありません。一方、ロシアは新たに北朝鮮から1万人を超える支援部隊を受け入れるなど戦時体制の維持に余念がありません。北朝鮮は弾薬やミサイルをロシアに大量に輸出しており、前線でウクライナ軍が弾薬不足に悩む一因になっています。

存在意義を問われる国連

停戦の1つの条件は国際社会の圧力ですが、足並みがそろっているとはいえません。そもそも、ウクライナ侵攻で国連は存在意義を問われる存在になりました。ロシアは国連安全保障理事会で拒否権を持つ常任理事国の１つです。自らを対象とする制裁などには拒否権を発動できます。２０２２年３月末に国連総会はウクライナの民間人やインフラ施設へのロシア軍の攻撃を止めるよう求める決議を賛成１４０カ国で採択しましたが、賛成は月初に即時撤退を求めた決議から１カ国減り、棄権は３カ国増えました。

注目すべきは反対の５カ国と棄権の38カ国です。多くはロシアから武器を輸入している国です。日本や米国、豪州とともに中国の拡張主義をけん制するクアッド（ＱＵＡＤ）のメンバーであるインドも、有力な武器輸入国で棄権に回りました。２０２４年10月にはロシアで開かれたＢＲＩＣＳ会議にモディ首相が習近平国家主席とともに出席し、プーチン大統領とハグをする姿が報じられました。安値の原油と武器の輸入という実利を求める立場から、「反ロシア連合」には加わらない姿勢です。

ウクライナ側の事情を考えてみましょう。最大の弱点は兵士と兵器、弾薬の不足です。兵器や弾薬は米国や欧州各国の支援に依存しており、それが途絶えると戦争の継続は難しくなります。米国のトランプ新大統領がウクライナ情勢にどのような対応を示すか、停戦が動き出すかどうかはそこにかかっているといえます。

8 中東危機

新大統領で米国はどう動くか

2023年10月7日、イスラム武装組織のハマスは突如、イスラエルへの大規模攻撃に踏み切り、民間人を含む1200人を殺害し、250人の人質を拉致しました。それ以降、ウクライナに向かっていた世界の視線は、パレスチナに向かうようになりました。ハマスをせん滅しようとするイスラエルの軍事行動が大規模な人道危機を引き起こしたからです。

2024年10月時点のパレスチナ人の死者は子どもを含めて4万人を超え、建物の6割は倒壊したといいます。国際社会は当初こそハマスを非難し、イスラエルに同情していましたが、ガザ地区の惨状が深刻化するにつれてイスラエルを非難する声が高まり、米国の大学などでも抗議デモが広がりました。しかし、イスラエルはレバノンに武力を結集するイスラム教シーア派の民兵組織ヒズボラへの空爆や、「ポケットベル爆弾」などを展開し、さらにはイランの軍事拠点への空爆にも踏み切るなど、攻撃の手を緩めていません。米国のバイデン大統領はイスラエルのネタニヤフ首相に停戦を呼びかけましたが、聞く耳を持たないようです。深まる中東の緊張は1970年代から80年代にかけて起きた危機と同様のオイルショックを世界にもたらすのでしょうか。

リスクはどこまでも付きまといますが、現時点ではホルムズ海峡が封鎖されるような石油危機のリスクは小さいでしょう。それは何よりも、紛争の地域がハマスのガザ地区から、レバノンのヒズボラ、イエメンの反政府組織のフーシ派、さらにイランに拡大しているのに原油価格が比較的落ち着いていることに表れています。イスラエルによるイランへの空爆も石油基地や核施設を除外しました。

フーシ派船舶攻撃の余波

ただ、世界経済に無視できない影響も出ています。フーシ派による紅海周辺での民間船舶への攻撃などで、スエズ運河経由でヨーロッパと東アジアやインドなどをつなぐ航路の航行が困難になっているのです。

日本船主協会によれば、2024年9月初めの時点でフーシ派による商船攻撃は累計で100件以上発生しており、米国と英国、イスラエルと無関係の国籍の船が90隻以上含まれています。多くの船は南アフリカの喜望峰ルートに航路を変更しました。紅海ルートの貨物は世界貿易の15%を占めており、喜望峰ルートへの変更は往復で4週間も余計に時間がかかります。

中東の紛争もウクライナ危機の行方も、台湾や南シナ海をめぐる中国の動向も、最大の軍事力を持つ米国がどのように対応するかによってシナリオは大きく変わります。2013年に「米国は世界の警察官ではない」と宣言したのは当時のオバマ大統領でしたが、地域紛争は増える一方です。豪州のシンクタンク、経済平和研究所の2024年版の世界平和度指数によると、世界の平和度は10年連続で悪化し、紛争数は世界全体で56にのぼり、第2次世界大戦以降で最も多くなったといいます。

この本を読もう！③

人口減少、超高齢化、加速する少子化と聞いて日本の将来を悲観視する人は多いでしょう。しかし、それが人類共通の課題だとなればどうでしょう。日本は少しだけ早くその課題に直面しており、どんな経済社会に作り替えていくかが問われています。本文でも言及したポール・モーランド氏の**『人口は未来を語る』（橘明美訳、NHK出版）**は「西のジブラルタル海峡から東のジョホール海峡までユーラシア大陸を横断すると合計特殊出生率が人口置換水準の2・2未満の国ばかりを通る」と指摘し、「赤ちゃん不足は世界中で起こっている」と書いています。

女性が教育機会を得た国では出生率が人口置換水準あたりまで下がるが、そこで仕事と出産の両立が奨励されないとなると、出生率は一層低下し、その代表格が日本だといいます。「母親としても働き手としても満たされずにいる女性が大勢いる」。世界中をみて、政府は出生率を抑制することはできても引き上げることは容易ではなく、先進国でほぼ唯一、イスラエルが多産の国であるように、出生率に与える宗教や文化の影響の大きさを指摘しています。経済力

『人口は未来を語る』
ポール・モーランド著、
橘明美訳、NHK出版

と民族性と自己実現（エゴイズム）の3つは共存できず、このトリレンマで経済力を犠牲にし、移民を受け入れないのが日本だと指摘しています。

地政学では世界最大のヘッジファンドの創業者が著した**『THE CHANGING WORLD ORDER 世界秩序の変化に対処するための原則』（レイ・ダリオ著、斎藤聖美訳、日本経済新聞出版）**をお薦めします。「教育レベルが上がるとイノベーションとテクノロジーが上昇し、世界貿易のシェアが増加し、軍事力、経済生産性が強化され、国際金融センターができあがる」というビッグサイクルを過去500年の帝国と通貨の興亡から導き出しています。

注目すべきは「米中関係と米中戦争」の章です。貿易／経済、技術、地政学的、資本、武力、カルチャーの各分野の両国の「戦争」について分析を示しています。「アメリカは台湾を防衛するために戦うだろうか？　確信が持てない。アメリカが戦わなければ、それは中国にとって偉大な地政学的な勝利であり、アメリカにとってとてつもない屈辱だ」と言いつつ、「実際の戦争になれば、アメリカ人の命を賭けた台湾防衛のための対中戦争はアメリカで極めて不評を買うだろうし、アメリカはたぶん戦争に負けるだろう」と書いています。軍事専門家にない多層的な分析の深さが読後感です。

『THE CHANGING WORLD ORDER 世界秩序の変化に対処するための原則』
レイ・ダリオ著、斎藤聖美訳
日本経済新聞出版

おわりに

この本は２０２４年10月27日の日本の衆院選と11月５日の米大統領選というタイミングで校了を迎えました。新型コロナウイルスによる世界景気の大きな落ち込みを乗り越えたものの、ロシアのウクライナ侵攻による高インフレと米欧の高金利政策は米国を除く世界の経済成長を抑圧しています。日本は30数年ぶりの賃上げ率や株価上昇に沸きましたが、円安の長期化で物価上昇に収入の伸びが追い付かない状況が続いています。衆院選は与党が過半数の議席を取れず大敗しました。

米大統領選は大方の接戦予想を裏切り、トランプ前大統領がハリス副大統領を下し、上下両院も共和党が過半数を占める「トリプルレッド」を達成しました。勝利の立役者であるイーロン・マスク氏を行革や規制緩和の助言役に指名し、閣僚人事も忠誠心重視の人選です。予想されたこととはいえ、不確実性の固まりのようなトランプ政権から目が離せません。新しい内外の政治状況が経済にどんな影響を及ぼすかについてはこれからのテーマですが、本書では６つのテーマをどう分析するか、私なりの視点は提示できたと思います。

井上ひさしさんの言葉に「難しいことをやさしく、やさしいことを深く、深いことをおもしろく」という物書きの心得があります。経済記者、編集者として年を重ねてきた私にとって永遠のテーマです。とりわけ、若い人たちの活字離れやSNSの影響力の拡大をみると、日本経済新聞（ないし電子版）にとっても切実な越えるべきハードルだという印象を強くしています。本書で井上さんの言葉にどこまで答えを出せたかは読者のみなさんの評価を待つしかありません。ただ、日経ビジネス編集部で同僚だった村上広樹さんから「本を出しませんか」と声をかけてもらった時、「難しいことをやさしく書けないか」と自問し、挑戦しようと決心したのが本書が生まれるきっかけでした。

幅広いテーマについて「学び直しの視点」を盛り込むことは簡単ではありませんでした。論説委員会の同僚たちからは各テーマについて、欠かせない視点を学びました。朝刊の月曜付オピニオン面に掲載している「核心」や、2週に1回、日経の有料読者のみなさんに配信しているニュースレター「Blind Spot」の内容の一部は本書に取り込んでいます。毎週出演しているテレビ東京のワールドビジネスサテライト（WBS）の仲間からも難しいテーマについて、わかりやすくするにはどう話したらいいかを教えてもらいました。5年目になる慶応大湘南キャンパス（SFC）の「政策形成とメディア」という授業で活発な質問をしてくれた学生さんたちからも、若者のメディアに対する率直な見方を学びました。

本書の内容のすべてについての文責は筆者にあります。週末をつぶして本書の執筆に専念する自由を許してくれた妻と子どもたちに心から感謝しています。この本を手にした方の人生に本書が少しでも役立つことを願って筆をおきます。

2024年11月吉日

原田　亮介

経済の仕組み 学び直しの教科書
波乱の時代、株・金利・為替はどう動く？

2025年1月10日　第1版第1刷発行
2025年3月4日　第1版第3刷発行

著者　原田亮介
発行者　中川ヒロミ
発行　株式会社日経BP
発売　株式会社日経BPマーケティング
〒105-8308　東京都港区虎ノ門4-3-12
デザイン　フロッグキングスタジオ
イラスト　越井隆（カバー、帯）
編集　村上広樹
制作　マーリンクレイン
印刷・製本　中央精版印刷
ISBN978-4-296-00218-4